管理学专著系列

天津市教委科研计划项目（项目号：2017SK117）研究成果

网络口碑的影响机制研究

基于消费者矛盾态度的视角

WANG LUO KOU BEI DE YING XIANG JI ZHI YAN JIU

JI YU XIAO FEI ZHE MAO DUN TAI DU DE SHI JIAO

单春玲　著

图书在版编目（CIP）数据

网络口碑的影响机制研究：基于消费者矛盾态度的

视角 / 单春玲著 . —北京：企业管理出版社，2021.5

ISBN 978-7-5164-2364-6

Ⅰ. ①网… Ⅱ. ①单… Ⅲ. ①网络营销－顾客满意度

－研究 Ⅳ. ① F713.365.2

中国版本图书馆 CIP 数据核字（2021）第 059842 号

书　　名：网络口碑的影响机制研究：基于消费者矛盾态度的视角

作　　者：单春玲

责任编辑：寇俊玲　刘玉双

书　　号：ISBN 978-7-5164-2364-6

出版发行：企业管理出版社

地　　址：北京市海淀区紫竹院南路 17 号　　　邮编：100048

网　　址：http://www.emph.cn

电　　话：编辑部 (010) 68701661　发行部 (010) 68701816

电子信箱：1502219688@qq.com

印　　刷：北京虎彩文化传播有限公司

经　　销：新华书店

规　　格：700 毫米 × 1000 毫米　16 开本　9.5 印张　125 千字

版　　次：2021 年 5 月 第 1 版　2021 年 5 月 第 1 次印刷

定　　价：56.00 元

前　言

随着社会化网络的发展，消费者越来越倾向于选择网络购物这种既节省资金又方便快捷的购物方式。但由于在网络购物中不能接触到真实的商品，人们需要搜寻更多的有关商品的信息，以在线产品评论为代表的网络口碑成为消费者主要的信息来源。网络口碑指由已购买产品或服务的消费者在网络上发布的，以文字为主要形式的，对产品和服务做出的积极或者消极的评价。网络口碑充当着“销售助理”的角色，对人们的决策和行为有着重要的影响。然而，网络口碑也存在着质量参差不齐和口碑信息之间相互冲突的情形，这些问题会造成消费者决策上的困境。最新的态度理论认为，人们对于事物的态度不是一维的，而是正面态度和负面态度同时并存。当人们对同一个态度对象的积极评价和消极评价都达到一定程度时，就产生了矛盾态度。那么，消费者矛盾态度的强度受到哪些因素的影响，不同效价（包括正面和负面）的网络口碑对矛盾性消费者的态度和行为具有什么样的影响，消费者矛盾态度如何影响网络口碑的作用机制，对这些问题的探讨有助于明确消费者矛盾态度的客观存在性和作用机制，有助于扩展和丰富有关网络口碑以及消费者行为的理论研究，也有助于企业在与消费者的沟通过程中，采取有效的营销手段，增强消费者的购买信心和购买意愿，以提高产品的销量和企业的效益。

本书的研究主要解决以下几类关键性问题：第一，消费者矛盾态度是如何产生的？哪些因素会对消费者矛盾态度的形成具有影响？第二，正面口碑的评论质量和评论数量如何影响消费者的矛盾态度？在正面网络口碑的影响下，不同程度的消费者矛盾态度的变化路径是怎样的？第三，负面网络口碑对矛盾性消费者购买意愿具有何种影响？企业或者商家采用补救措施后消费者购买意愿有什么变化？其背后原因是什么？第四，在具有预期消费的情境中，消费者情绪客观矛盾性对其主观矛盾性的影响如何？消费者客观矛盾态度在冲突性的网络口碑信息和消费者的行为意向之间是否具有中介作用？消费者态度和行为意向之间的关系是否受到消费者矛盾态度调节作用的影响？

本书在研究中采用了多种研究方法，包括：①文献研究方法，在第2章中通过文献研究，梳理了国内外的相关文献，奠定了研究的理论基础；②实验研究方法，第3～6章的研究均是通过设置实验场景收集了关于消费者矛盾态度和购买意愿等的数据，为定量分析提供了一手的数据资料；③神经网络方法，第3章在进行数据分析时使用了神经网络方法，定量分析了消费者矛盾态度的影响因素；④统计分析方法，第4～6章在处理数据时，采用了传统的统计分析方法，包括配对样本t检验、方差分析、回归分析以及层次回归等。此外，本书在第6章中还用文本分析工具进行词频统计。

本书最后根据研究结论，提出了企业管理方面的建议，并针对研究工作的不足指出了未来进一步的研究方向。

单春玲

2021年3月

目 录

CONTENTS

第1章　绪论

1.1　研究背景和问题的提出

1.1.1　实践背景

1. 网络口碑对消费者决策产生重要影响

互联网改变了人们搜索信息和彼此影响的方式，更重要的是改变了人们消费的方式，现在越来越多的人把网络购物作为日常消费的首选。以往当消费者需要购买某些产品时，他们可以从销售商那里获得产品信息，可以向亲朋好友寻求建议，或者寻求第三方认证。现在，网络口碑（electronic Word of Mouth，eWOM）超越了这些方法，已经成为人们获取有关产品和服务信息的更为常见的来源，也成为消费者做出购买决策的主要信息来源。传统的口碑实证研究在网络情境下已经转变成了对网络口碑的研究。目前学术界比较认同 Godes 和 Mayzlin（2004）对网络口碑的定义。他们认为网络口碑作为口碑传播的一种新形式，是消费者发布在网络上的、以文本形式为主的对产品的评价，这些评价既包括对产品的赞美或者抱怨，也包括对特定产品的购买或使用感受等。可见，网络口碑与传统口碑最大的区别在于，传统口碑是一种面对面的交流，影响范围一般是较小的群体；而网络口碑由于其发送方和接收方在时间和空间上可以是异步的，因而传播范围更广，持续时间更长。网络口碑允许消费者与他人进行社会化交互，彼此分享产品的相关信息，通过网络中介进行对话，从而做出明智的购买决定（Blazevic 等，2013；Hoffman 和 Novak，1996）。

现有研究已经发现网络口碑能够影响下一个买家的购买意向，进而影响商品或服务的销售（Chevalier 和 Mayzlin，2006；Liu，2006；Duan、Gu 和 Whinston，2008a；Dellarocas、Awad 和 Zhang，2004；Godes 和 Mayzlin，2004）。在社会化商务环境下，商务活动的生命周期越来越短，需要企业及时分析消费者发布的网络口碑并利用网络口碑进行营销，这给企业改进业务管理和决策机制带来了巨大的挑战。2013 年可口可乐公司的“夏日昵称瓶”营销活动利用明星效应并借助社交媒体的扩散赢得了普通消费者的关注，使可口可乐的销量获得了将近 20% 的增长。我国以网络口碑为基础的社会化营销产业正步入成熟期，产业规模持续扩大。随着基于 Web 2.0 的虚拟社会网络的发展，企业和消费者对网络口碑越发重视。网络消费者评论，即消费者在网络上发起的产品评论信息，可以被视为网络口碑的一种特殊形式。各大企业、零售网站以及专门的点评网站都加强了口碑平台的建设，让用户通过发表个人评论的方式，表达对特定产品或者服务的意见。消费者主导的网络口碑也被称为外部口碑。一般情况下，只有购买过产品的消费者才能发表关于产品信息或使用经验的评价，因此外部口碑相较于零售商主导的内部口碑对普通消费者来说在可靠性和可信度上更具有优势（赖胜强，2013）。

中国互联网络信息中心（CNNIC）发布的第 47 次《中国互联网络发展状况统计报告》中指出，我国网络购物用户规模呈持续性增长，2020 年我国网上零售额达 11.76 万亿元，较 2019 年增长 10.9%。同时，艾瑞咨询认为，随着互联网的发展、触网用户增加以及网络购物方式越来越流行，未来网络购物用户在整体网民中的比例将越来越高。CNNIC 在《2019 年网络购物市场研究报告》中指出，当消费者购买不熟悉的产品时，用户评价在网络购物决策中是占据主导地位的影响因素，37.5% 的网络购物用户在决策时主要考虑因素为用户评价，其次是网站知名度和口碑（见图 1.1）；在消费者购买熟悉的商品时，用户评价、网站知名度和口碑仍是重要的决策影响因素，重视这两个因素的人群所占比例分别为 25.2% 和 22.2%（见图 1.2）。可见，以用户在线评论为代表的网络口碑对消费者网络购物的决策有着重要的影响。

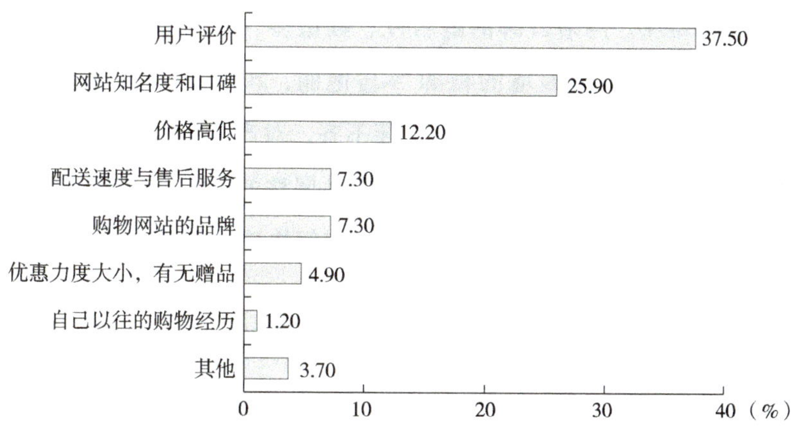

图 1.1　消费者购买不熟悉的商品时主要考虑的因素
资料来源：CNNIC 中国网络购物市场调查统计（2019）

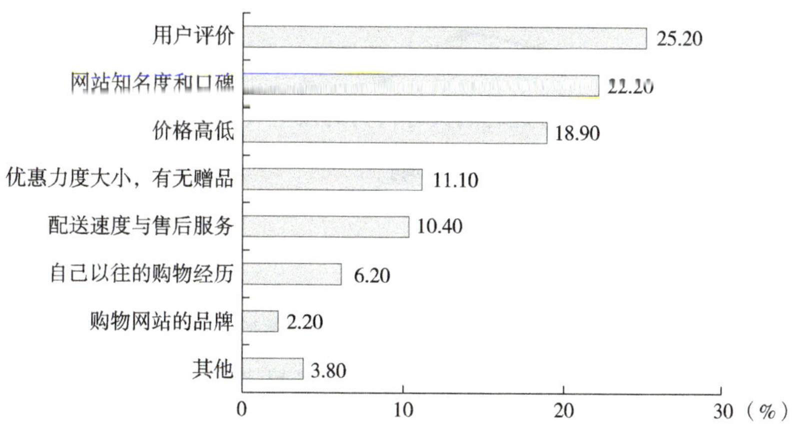

图 1.2　消费者购买熟悉的商品时主要考虑的因素
资料来源：CNNIC 中国网络购物市场调查统计（2019）

2. 网络口碑引起消费者矛盾态度

随着网络时代的到来，消费者在面对互联网上种类众多、纷繁复杂的

者相互矛盾的研究结果。例如，Chevalier 和 Mayzlin（2006）分析了美国亚马逊网站上网络口碑与图书销量的关系，发现网络口碑的数量与评价好坏都对图书销量有显著的影响。但是 Chen 等（2004）同样运用亚马逊网站上相似的数据进行分析，却认为更多的网络口碑并不能带来更大的销量，尤其是对于那些畅销书籍。同样，对其他行业的相关研究也呈现出类似的情况，例如，Dellarocas 等（2007）和 Chintagunta 等（2010）发现，网络口碑评价的好坏程度对于电影票房收入有显著影响，然而 Liu（2006）、Duan 等（2008）对电影产业的类似研究发现，网络口碑评论得分对电影票房影响不显著。现有的研究已经在不同维度上探索了网络口碑的效应，研究结论仍然存在着很大的分歧。这种分歧说明目前人们对网络口碑的作用机理的认识还不够成熟，需要更进一步的研究和探索。

在国内，现在越来越多的企业和学者已经意识到了网络口碑传播的重要性，但是有关网络口碑的实证研究仍然欠缺。将国外的研究成果直接应用到我国企业的营销实践中会存在一定的问题。首先，经典的口碑理论不能完全解释网络口碑的形成与作用模式；其次，我国网络的发展与国外有所不同，在网民的年龄、知识结构、消费方式，网络口碑的评价机制以及消费者发表口碑的习惯等方面都与国外存在着较大的差异，这也使得国外有关网络口碑的理论在解释国内的网络口碑的模式及其对消费者与企业的影响时会存在一定的问题。

1.1.3 问题的提出

在对网络口碑影响的研究中，网络口碑对消费者心理和行为的影响一直是学者们研究的重点。只有对消费者的态度和行为有深入的研究，才能帮助企业制订有效的营销策略。目前关于网络口碑对消费者态度和行为的影响的研究中存在的问题主要包括以下几点：

（1）对网络口碑如何引起消费者矛盾态度缺乏有效的研究。网络口碑本身具有众多要素，如评论发表的时间、评论文本的长度、评论的极性、评论的质量、评论的数量等。哪些因素能够影响消费者矛盾态度，进而影响消费者的决策？Fingerman、Hay 和 Birditt（2004），陈剑锋和陈志霞（2009）研究了一般性矛盾态度的前因变量；黄敏学等（2010a）、马艳丽（2013a）探讨了消费者矛盾态度的产生机理。但现有研究大多数是定性分析，缺少对消费者矛盾态度产生的影响因素的实证分析。此外，网络口碑对于消费者来说属于外界影响因素，消费者个体的内在因素，如消费者对产品的认知以及对产品的重视程度等也会影响消费者矛盾态度，但目前这方面缺少实证分析。

（2）对于消费者对口碑信息的处理方式目前已有一些研究，如基于双过程理论或者基于详尽可能性理论等的研究。矛盾态度对于消费者进一步的信息加工具有促进作用还是抑制作用？目前对这个问题的研究还没有形成统一的结论。如有的研究认为高矛盾程度个体对态度客体进行信息加工的可能性低（Broemer，1998），而有的研究则认为高矛盾程度个体会对说服性信息进行较多的系统加工（Maio 等，1996；Nordgren 等，2006）。因此，矛盾性消费者对网络口碑的信息处理方式还有待进一步的研究和检验。

（3）已有研究认为人们具有“否定性偏好”，即人们对负面网络口碑更为敏感，认为负面网络口碑更可信，更有说服力。一般来说，负面口碑的出现，或者仅有的一条负面消息都可能使消费者强化矛盾心理，进而放弃或延迟对商品的购买。为应对负面口碑的影响，企业或者商家往往会采取一些补救措施。负面网络口碑形成后，消费者的矛盾态度如何影响购买意愿？补救措施对消费者矛盾心理和购买意愿又会产生何种影响？现有研究还缺乏对这些问题的实证探讨。

（4）矛盾态度在网络口碑信息和消费者的行为意向之间是否具有调节或者中介作用，这一问题没有得到足够的关注。以往大多数研究针对的是网络口碑对消费者的态度和行为意向的直接影响（宋晓兵等，2011；郝媛媛等，2009；Hu 等，2008）。也有一些文献研究了网络口碑和消费者态度与购买意愿之间的中介变量，例如常亚平、肖万福和覃伍等（2012）研究了情感反应的中介作用。将消费者的信任作为中介变量的研究较为常见，如张亚帆（2017）以信任为中介变量研究了微信口碑对大学生消费意愿的影响。窦光华（2014）以消费者对在线商家的信任态度为中介变量研究了网络口碑可信度对消费者购买行为的影响。但总的来说，我们对中介变量的影响，尤其是消费者矛盾态度的中介作用还需要更深入地探讨。此外，也有一些学者对矛盾态度在态度和行为意向间的调节作用进行了研究，但对于其作用机制还存在争议（黄敏学、冯小亮和谢亭亭，2010a），且不同消费情境下矛盾态度也具有不同的作用，需要学者进一步的研究。

由于网络口碑现有理论研究和实证研究的不足，本书主要研究正负面网络口碑以及冲突性口碑对于矛盾程度不同的消费者的态度和行为意向产生的影响。本书研究的问题可以分为以下四类。

第一，消费者矛盾态度是如何产生的？哪些因素会对消费者矛盾态度的形成具有影响？其影响程度如何？

第二，在正面网络口碑的作用下，不同矛盾程度的消费者的态度变化路径如何？高矛盾性消费者和低矛盾性消费者对网络口碑的信息处理是否具有差异？正面口碑的两个重要属性——评论质量和评论数量如何影响消费者的矛盾态度？

第三，负面网络口碑的质量对高低矛盾性消费者购买意愿的影响是否相同？企业或者商家采用补救措施后，矛盾程度不同的消费者购买意愿又有什么变化？其背后原因是什么？

第四，在预期消费的情境中，消费者不同情绪的作用有何区别？由消费者情绪导致的客观矛盾性在冲突性的网络口碑信息和消费者的行为意向之间是否具有中介作用？消费者态度和行为意向之间的关系是否受到消费者矛盾态度调节作用的影响？

对以上问题的探讨有助于从一个全新的视角出发，更加精确地解读网络口碑对消费者的影响，进一步解开消费者行为的“黑箱”，从而为企业的口碑管理和口碑营销提供有价值的建议。

1.2 研究意义

在网络环境下，消费者的态度和行为意愿不仅受到消费者自身的因素和商家的因素影响，还会受到网络口碑的影响。一方面，网络口碑给消费者带来了大量的关于产品和服务的信息；另一方面，来源不同、评价内容不同甚至是相互冲突的口碑信息，往往会造成消费者决策上的困境。因此，本书研究网络口碑对矛盾性消费者态度和行为的影响具有重要的理论意义和现实意义。

1.2.1 理论意义

第一，将矛盾态度引入网络口碑的研究中，运用消费者信息处理理论，心理学、消费者行为学等相关理论，探讨正负面网络口碑对消费者态度和行为意愿的影响。传统的一维态度（Unidimensional Attitude）理论认为人们对于客体的态度要么是喜欢，要么是不喜欢，而二元态度理论认为人们对待同一态度对象产生的积极态度和消极态度是可以同时并存（Conner 和 Sparks，2002）的，即形成矛盾态度（Priester 和 Petty，1996）。社会心理学对一般矛盾态度进行了研究，包括种族差异、性别差异、食品偏好等，但是，关于消费者矛盾态度的研究文献较少，研究的范围也十分有限。因此，本书将矛盾态度理论应用到网络口碑研究中拓展了该理论的研究范围。

第二，除了探讨正面口碑和负面口碑的影响之外，还探讨了冲突性网络口碑对消费者的影响。消费者发布的网络口碑中经常出现对产品的不同属性的评论不一致的情况，如消费者对产品的外观满意，但认为其质量有所欠缺。也就是说网络口碑信息既包括正面评论，又包括负面评论。虽有一些学者对冲突性的网络口碑进行过探讨，例如 Zhang、Li 和 Chen（2012）

影响等进行了系统的回顾。本章最后总结了现有文献研究上的不足并提出研究的切入点。本章的内容可以作为后续章节的理论基础。

第 3 章　消费者矛盾态度的影响因素分析。在营销领域中，消费者矛盾态度是一个新的概念。结合第 2 章对文献的梳理，本章对消费者矛盾态度的形成进行了定量分析，从消费者个人内在因素和外在环境因素两方面分别探讨了消费者矛盾态度的主要影响因素。本章运用实验的方法收集数据，通过构建基于反向传播算法的神经网络 AABP 模型进行实证分析，探究消费者矛盾态度的影响因素及其影响强度。

第 4 章　正面网络口碑对矛盾性消费者态度的影响路径分析。本章依据 ELM 模型从态度矛盾性的视角探讨正面网络口碑对消费者态度的影响。利用两阶段的实验研究收集数据，首先给出产品的基本信息，调查消费者的初始矛盾态度，然后提供不同评论质量和数量的正面口碑信息，分析正面网络口碑对矛盾性消费者态度改变的影响。本章分析了消费者自身矛盾态度与网络口碑之间的交互作用机制。

第 5 章　负面网络口碑对矛盾性消费者购买意愿的影响。本章研究负面口碑和商家的服务补救措施对消费者购买意愿的影响。首先通过数据探讨当出现不同评价质量的负面网络口碑信息时，矛盾程度不同的消费者购买意愿如何变化；其次，分析当商家采取回复和补救措施后，矛盾程度不同的消费者购买意愿又会发生怎样的变化；最后本章进一步探讨了产生这些变化的原因。

第 6 章　冲突性网络口碑对矛盾性消费者的影响。本章主要分析了消费者客观矛盾态度的调节和中介作用。消费者情绪对消费体验和决策有重要的影响，情绪矛盾性包括预支情绪矛盾性和预期情绪矛盾性，在预期消费情境中，预支情绪比预期情绪作用更显著。本章主要从预期消费视角，检验了预支情绪客观矛盾性在产品属性评论不一致性导致的冲突性网络口碑信息对消费者行为意愿影响中的中介作用以及在消费者态度和行为关系中的调节作用。

第 7 章　研究结论和启示。基于四个实证研究，提出本研究的总体结论和相应的营销管理启示，为企业的管理实践提供参考。本章最后分析了研究中的不足和未来进一步的研究方向。

1.4　研究方法和技术路线

1.4.1　研究方法

网络口碑的研究方法主要还是以传统口碑研究方法为基础，但克服了传统方法的一些弱点，呈现了新的特点。本书采取多种研究方法相互结合的方式，既对现有研究文献进行了梳理，又进行了实证研究，力图解答本书提出的问题。

1. 文献研究方法

梳理的文献主要内容涉及网络口碑的内涵和特性，网络口碑的要素、前因变量以及结果变量，消费者态度和行为，消费者矛盾态度的内涵、测量方法以及矛盾态度的前因变量和结果变量等。

2. 实验研究方法

实验研究方法是在实验室中邀请实验参与者进行实验并收集数据的方法。实验研究方法属于定量研究的一种，研究者在主动控制的条件下对实验参与者进行观察，并对所观察的内容做出因果性的说明。研究者可以在实验室的环境中，有效地控制一些条件，使之对某些自变量做出调节。本书第 3 ~6 章的研究通过设置实验场景并要求被试填写问卷题项，收集了关于消费者态度、矛盾态度和购买意愿等的数据，为定量分析提供了一手的数据资料。

3. 神经网络方法

本书第 3 章在进行数据分析时使用了反向传播神经网络方法，定量分析了消费者矛盾态度的影响因素。神经网络具有自适应与自组织能力，采用非线性学习的方式，相对于传统的分析方法具有精度高、误差较小的优势。反向传播神经网络算法的具体内容将在第3章中详细介绍。

4. 文本分析方法

本书第6章将冲突性网络口碑作为实验刺激进行操控时，使用了文本分析方法进行产品属性的词频统计。抓取点评网站的客户评论数据，通过分词和词频统计工具得到消费者产品属性偏好，进而形成了由产品属性评论差异性导致的冲突性网络口碑，将其作为实验刺激物展示给被试。

5. 统计分析方法

本书第4~6章在处理收集到的数据时，采用了传统的统计分析的方法。具体方法包括：（1）配对样本t检验，主要用于对同一研究对象进行处理的前后状态比较；（2）方差分析（ANOVA），一般用于两个或者两个以上样本，比较其平均数差别是否显著；（3）回归技术（regression technology）和层次回归（hierarchical regression）方法，用于探究自变量和因变量之间的关系和影响强度，进而验证假设，得到分析结果。

1.4.2 技术路线

本书首先在现实及理论背景下，提出要研究的问题；其次通过对国内外相关文献的分析，发现现有研究的不足，提出研究切入点和具体的研究内容；再次，针对每个研究问题，提出研究模型和研究假设，并通过对样本数据进行分析，验证假设；最后，根据假设结果，提出研究结论，构建网络口碑对矛盾性消费者态度和行为意向影响的整合框架，并为企业提供关于在线产品营销的实施建议和管理启示。

技术路线如图1.5所示。

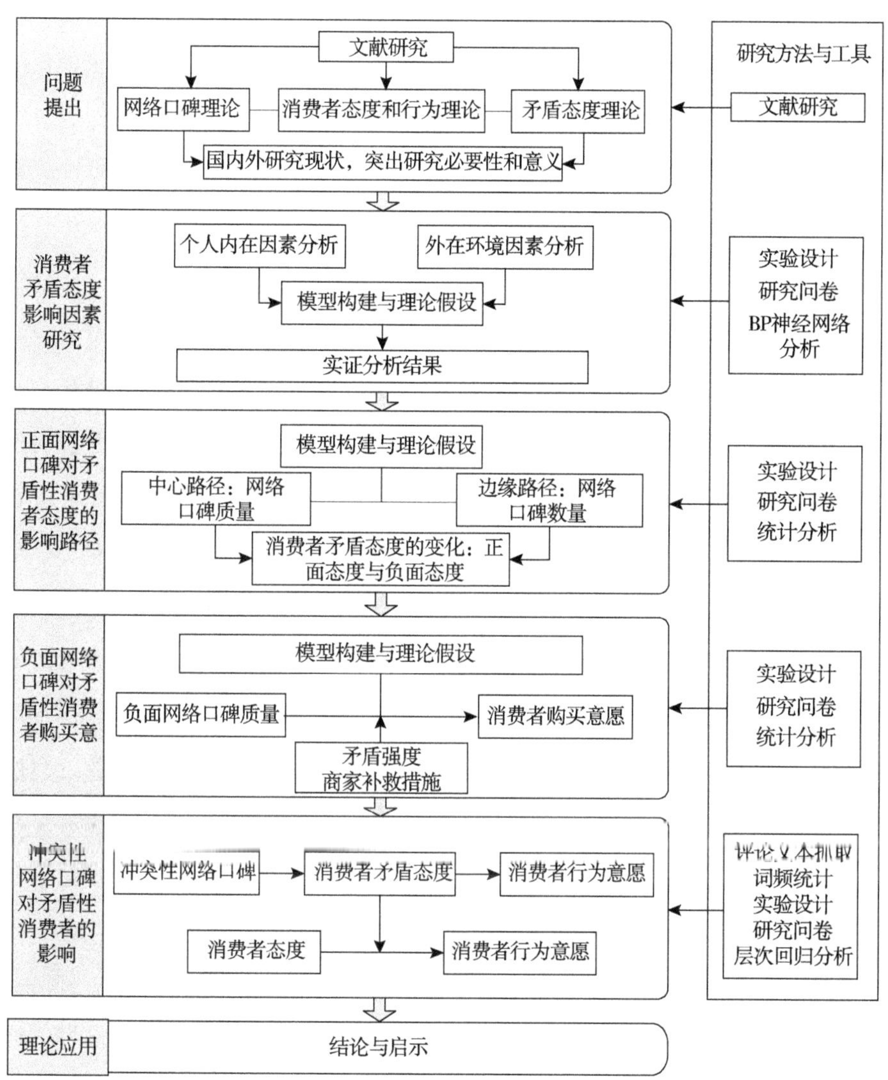

图 1.5　本研究的技术路线图

1.5　研究创新点

本书研究的主要创新点如下：

第一，目前关于矛盾态度的研究大多集中在心理学、社会学范畴，对营销领域中的消费者矛盾态度的产生和影响缺少实证分析。本书借鉴心理学中矛盾态度的概念，从消费者矛盾态度的视角研究网络口碑对消费者态度和行为意向的影响，体现了网络口碑研究上的多学科交叉性的特点。本书梳理了国内外相关文献，首次系统地对正负面网络口碑以及冲突性网络口碑引起的消费者矛盾态度和行为意愿上的改变进行了研究，从一个全新的视角探讨了网络口碑的影响，拓展了网络口碑的研究思路和研究范围。

第二，将反向传播神经网络方法应用到消费者矛盾态度影响因素的研究中，利用 BP 神经网络学习的能力，构建了消费者矛盾态度影响因素的预测模型。经过交叉检验，发现反向传播神经网络模型在分析消费者矛盾态度影响因素时，其准确率高于传统的线性回归模型。本书的研究进一步丰富了消费者矛盾态度影响因素的研究思路和方法。

第三，将详尽可能性模型理论（ELM）应用到网络口碑和矛盾态度的研究中，探讨了网络口碑对矛盾性消费者信息处理路径的影响。依据 ELM 理论中的中心路径和边缘路径的概念，构建了初始矛盾态度不同的消费者进行网络口碑信息处理的理论模型，并进行了实证分析。本书得出的结论完善了对矛盾性消费者信息处理的理论研究，对企业的营销实践具有重要的理论指导意义。

第四，基于预期理论研究了冲突性网络口碑对消费者行为意愿的影响，比较了两种前瞻性情绪的作用，提出了预支情绪和预期情绪客观矛盾性的概念，验证了消费者客观矛盾态度的调节和中介双重作用，对预期消费情境下消费者行为理论的研究进行了有效扩充，填补了关于网络口碑中消费者情绪和情绪矛盾性理论研究上的空白。

第 2 章　相关文献综述

2.1　关于网络口碑的理论研究

2.1.1　传统口碑与网络口碑

1. 传统口碑

口碑的作用和价值很早就被社会学家所关注（Katz 和 Lazersfeld，1955），学者们从不同的角度对传统口碑给出了不同的界定。从面对面交流的视角，Arndt（1967）将口碑（Word - of - Mouth，WOM）定义为“在接收者和传播者之间进行的关于品牌、产品或服务的口头的，个人对个人的，接收者认为传播者基于非商业性目的的交流”。其他学者也从购后行为、信息来源等不同的视角对口碑的内涵进行了研究。

由于口碑对消费者的行为能够产生较大的影响，一些学者对口碑的传播过程和传播动机进行了深入研究，如 Ernest Dichter（1966）在《哈佛商业评论》上最早发表了关于口碑的研究成果。他的研究提出了个体参与口碑行为源于四个动机，即可感知的产品动机、自我动机（和产品有关的情感需要）、他人动机（给口碑接收者需要的信息）以及信息动机（受到在媒介中展示产品的刺激）。Sundaram、Mitra 和 Webster（1998）通过广泛的调查，发现了口碑行为的八个主要的动机，其中包括四个正面的动机和四个负面的动机。Reynolds 和 Darden（1971）从个体消费者的社交特性，即社交性（Sociability）角度来研究口碑的影响，发现口碑的影响力依赖于口碑接收者和口碑信息的编码，也就是说口碑的传播与接收者的个人认知有关。大多数文献都强调口碑是有用的，与其他形式的市场沟通相比对消费者有更大的影响力（Day，1971）。

2. 网络口碑

网络口碑被定义为“由潜在的、现在的或以前的消费者对产品或公司做出的积极或消极的评价，并可以通过互联网提供给其他大多数人和机构”（Hennig - Thurau 和 Gianfranco，2003）。网络口碑具有多种不同的形式和媒介，如论坛、新闻组、博客和社交网站等，其中在线产品评论是网络口碑的典型代表。网络口碑有广泛的使用平台，包括各种类型，加上不同的研究方法，导致虽然关于网络口碑的研究文献丰富，但现有文献大多是零散的，而这种零散非常不利于网络口碑研究体系的形成。

网络口碑发生在复杂的网络环境中。传统口碑的参与者之间相对来说相距较近，口碑参与者能够从各种语境线索中获得信息，而且这些面对面的交谈是更具有私密性的。相反，网络口碑的参与者在网络社区或者其他网络平台上进行交流，他们之间的会话大多数是可见的。人们因为对特定的产品/服务或者是话题/行为有共同兴趣而进行这些交流。在大多数情况下，网络口碑参与者是不了解彼此的，只是通过在线交流的方式来维持短暂的关系。

在面对面的熟人交流的环境下，信息发送者预期的听众往往只是一个人，发送者依靠个人关系或者其他方法尽可能地进行劝说。但对于在线交流来说，信息发送者必须清楚自己所发表的言论一直都会存在，信息接收者的数量众多，发送方与接收方可能相识，也可能不相识（Godes 和 Mayzlin，2004）。此外，消息接收者很难确定消息发送者的动机，也会收到来自其他人的相似的或不同的信息。网络环境中信息的传达和使用方式明显影响了网络口碑的作用，一般来说，网络口碑具有不同于传统口碑的独特性质。

3. 网络口碑的特性

一般来说，网络口碑具有以下五个方面的特殊性质：

（1）数量多。考虑到互联网的多向性，网络口碑的数量和传播范围是空前的（Dellarocas，2003），这体现了网络口碑的知晓效应（Awareness Effect）。正如 Liu（2006）指出的："口碑数量增加，会让更多的人了解产品。人们了解得越多，产品的销量就越大。"龚诗阳等（2013）认为无论在产品生命周期的早期还是中后期，产品评论的数量对产品的销量都有显著的正向影响。网络口碑在传播上是异步的，信息的发送和接收不是同时、同地发生，这样能够使更多的人获得口碑信息，而传统口碑是做不到这一点的。网络口碑的扩散性强，借助于网络平台，传播的内容可以通过人们的浏览、复制和转载，在短时间内扩散到很大的范围，具有更高的传播效率。

（2）持续性和可见性。网络口碑一般采用文本的形式传播，也可以以图片、音频、视频等多媒体的形式呈现，网络口碑比传统口碑的持续性和可见性更强。网络口碑属于一种公共资源（Dellarocas 和 Narayan，2008），是具有持续性的。网络口碑信息"按需供应"，可被其他寻求关于产品和服务的意见的消费者所使用（Hennig－Thurau 等，2003）。因此，网络口碑能够在弱关系中产生影响，而传统口碑通常只发生在强关系中，这是二者之间的不同。网络口碑的文本属性使其具有可见性，因此，文字表达的方式、语言的风格以及运用的语法特点更为重要。持续性和可见性还意味着当前的网络口碑能够显著影响以后的口碑传播，网络口碑因此具有内生性（Godes 和 Mayzlin，2004），即网络口碑不仅影响消费者当前的购买行为，还会影响购买的结果（Duan、Gu 和 Whinston，2008）。

（3）匿名性。互联网是一个相对匿名的媒介（Ku、Wei 和 Hsiao，2012）。卖方的利己主义行为，即销售商通过操纵在线产品评论获得高额回报，可能降低网络口碑的可信性（Resnick 等，2000）。如果缺乏社会责任感和自我控制力，网民也可能“制造”出一些言论和意见。考虑到匿名性带来的潜在的欺诈行为，消费者可以借助网络口碑的另一个属性——口碑质量来进行辨别，质量高的网络口碑可信性会显著提高。此外，也可以通过声誉机制来解决这一问题。声誉机制不仅记录产品供应商的品质，还能够记录产品评论者的声誉。评论者的声誉可基于其所发表评论的行为和所发表的评论质量进行构建，这对于网络口碑的生成和使用具有十分重要的意义。

（4）效价显著性。网络口碑的效价指口碑信息的正面或负面等级（通常是1~5点或1~7点的Likert量表），体现了网络口碑的说服效应（Persuasive Effect）。对产品或服务的评论效价越高，越能够引起消费者态度的转变，说服消费者购买该产品或者服务。对于传统口碑来说，效价的产生主要基于个体之间的互动，口碑的效价在交流互动中有可能被误解。然而基于打分形式的网络口碑效价，不会产生被信息接收者误解的问题（Chevalier和Mayzlin，2006）。关于网络口碑效价对产品销售和用户信息搜索影响的研究目前还没有形成统一的结论。一些研究（Chevalier和Mayzlin，2006；Li和Hitt，2008）发现网络口碑效价对产品销售具有正向影响，但也有一些研究认为评论的正负倾向对产品的销量影响并不明显，没有支持网络口碑效价的作用（Duan等，2009；Chen等，2004）。此外，Chevalier和Mayzlin（2006）提出了验证性偏好（Confirmatory Bias）理论，即消费者会积极寻找一些正面评论，以支持自己已经做出的产品选择决定。也有研究发现了负面偏好（Negativity Bias）的证据（Cui、Lui和Guo，2012；Mizerski，1982），认为对于中立的消费者来说，负面评论比正面评论对人们的影响更为突出，也就是说负面口碑产生的效应要大于正面口碑。

（5）社区参与性。消费者参与是企业获得可持续竞争力、提高盈利能力和消费者忠诚度的关键因素（Blazevic等，2013）。网络口碑平台使人们能不受专业和地域的限制而进行广泛的交流，为消费者讨论产品或服务，以及表达不满情绪提供平台，消费者在这里可以向其他人学习如何更好地使用产品或享受服务。大量文献对这些平台在企业和消费者之间所扮演的重要角色进行了研究（Muniz 和 Schau，2005；Schau 和 Jr，2002；Yeh 和 Choi，2011）。这些研究的主要结论有助于增强企业和消费者或者消费者和消费者之间通过在线平台的互动，消费者社区（Customer Communities）成为企业与客户进行交流的中介平台（Blazevic 等，2013）。

2.1.2 网络口碑的研究框架

对网络口碑的研究有微观层面的，也有宏观层面的。微观层面主要研究网络口碑对消费者个人的影响，即个体发起、传播和接收网络口碑研究；宏观层面主要就网络口碑对企业或者品牌带来的影响进行研究，即网络口碑与企业之间的关系。目前关于网络口碑的研究主要集中在对消费者个体的研究，涉及的理论包括心理学中的动机理论、信息处理理论以及社会传播理论等（黄敏学和王峰，2011）。网络口碑研究中涉及的相关理论与主要内容如表 2.1 所示。

表 2.1 网络口碑相关理论与主要内容

基本理论	主要内容
双过程理论	系统式处理与启发式处理模式
详尽可能性模型理论	说服的核心路径和边缘路径
归因理论	不同的消费者归因过程会产生不同的影响
信息诊断性理论	研究在线评论的有用性，用于解释在线评论的负面偏见（Negativity Bias）
采纳理论	解释消费者提供在线评论的动机和意向

与本书研究相关的理论包括双过程理论和详尽可能性模型理论。双过程理论（Dual - Process Theory）认为人们处理信息的方式包括系统式和启发式两种模式。其中，系统式处理方式需要消费者耗费一定的精力，需要个体

注意的参与；而启发式处理方式则相反。详尽可能性模型理论（Elaboration Likelihood Model，ELM）是双过程理论的延伸，认为消费者对信息的处理沿着核心路径和边缘路径两种不同的路径进行（Petty 和 Cacioppo，1986）。如果消费者具有处理信息的动机和能力，则其沿着核心路径（比如根据信息的质量和内容）处理信息，对信息进行精细加工的可能性就高；如果消费者缺乏处理信息的动机和能力，则其沿着边缘路径（比如根据信息来源的权威性）处理信息，做精细加工的可能性低。核心路径中，个体受论据质量的影响较大，会对信息进行认真思考从而改变态度；边缘路径中，个体受情感因素、直观判断或与信息内容无关的外围因素的影响改变态度。目前较少有学者探讨网络口碑如何通过不同的路径影响矛盾性消费者的态度和行为意愿。本书在第 4 章中将依据 ELM 模型探讨矛盾性消费者对网络口碑信息的处理路径及其态度的改变方式。

在网络环境下，口碑主要有两种产生机制：一种是企业主导的消费者间的口碑传播，即内部口碑；另一种是消费者主导的基于自身购物体验或分享他人购物体验的口碑传播，即外部口碑。内部口碑受企业影响较大，因此缺乏权威性和可信性；外部口碑对消费者的购买决策有较大的影响（Gu、Park 和 Konana，2012）。外部口碑相较于内部口碑有以下几点优势：①外部口碑是一种独立的信息来源，更能够得到人们的认可；②外部口碑包含有关产品和服务体验的信息，更具有客观性；③外部口碑还包含对产品或服务内容的直观介绍，使消费者更容易了解产品或服务。

网络口碑的焦点是分享有关产品和服务的信息，影响消费者的购买决策。对网络口碑传播的研究主要从传播动机、自身要素以及影响结果三个方面进行。口碑传播动机与影响因素称为网络口碑的前因变量；口碑的影响结果称为后因变量，主要包括对消费者个人和对商家的影响。网络口碑的一般研究框架如图 2.1 所示。本书力求系统地梳理过去十年国内外已经发表的研究成果，识别网络口碑的关键要素以及前因和结果。

图2.1 网络口碑研究的一般框架

2.1.3 网络口碑的前因变量

随着网络口碑的兴起及其影响力的逐渐增大，对网络口碑的前因研究也逐渐增多，主要探讨口碑的形成机制，即口碑发送方（sender）进行口碑传播的主要动机。Dichter（1966）提出的有关口碑产生动因的理论框架被大多数学者所采纳，该理论框架认为用户发布口碑有四个方面的原因，即与产品相关、与自我相关、与他人相关和与信息相关的动机。本书借鉴该理论框架，根据对文献的整理，认为网络口碑的发布动机来自以下三个方面：

1. 基于产品满意度因素

在网络口碑的驱动因素中，满意度是被讨论最多的因素之一。许多学者发现口碑经常与顾客对消费经历的满意或者不满意相关（Richins，1983）。例如，郭恺强等（2014a）发现消费者购物体验的满意度对消费者发表正面口碑有显著影响。同样，郭恺强等（2014b）利用技术接受模型（TAM）建立了针对正面评论和负面评论的两个理论模型，发现影响消费者发表正面评论的因素包括感知有用性和产品满意度。多数研究认为，一般情况下，对产品满意度高的顾客发表正面的口碑传播，且其相对于中等满意的顾客、极端满意和极端不满意的顾客更可能进行口碑的传播（Anderson，1998）。Lovett等（2013）通过对美国品牌线上以及线下口碑进行分析，发现情感表达意愿，即用户对品牌的满意度是线上用户发布口碑的主要驱动因素之一。

2. 基于消费者心理因素

消费者传播口碑与自我满足的动机相关，例如，为了引起他人的注意，表现自己的鉴赏水平、更多的与产品相关的知识，展现更高的社会地位等（Richins，1983）。Swan 和 Oliver（1989）发现，口碑与消费者购后的心理状态有关，如果消费者认为自己在购买产品或享受服务的过程中被公平对待，发表对商家有利的口碑的概率会显著提高。黄敏学等（2010c）引入心理学中的心理收益和心理成本的概念，认为消费者不满意水平并不是导致消费者发布负面口碑的唯一因素，负面口碑的产生还取决于消费者对负面口碑的心理成本和心理收益的感知。Hennig - Thurau 和 Walsh（2004）在 Dichter（1996）研究的基础上，发现网络口碑的传播与消费者效用有关。Cheung 和 Lee（2012）从社会心理学的角度出发，通过实证分析提出了知识自我效能（self - efficacy）是口碑传播的前因变量。

3. 基于社会环境因素

从社会驱动维度考虑，即从社会学和社会心理学角度探究影响消费者网络口碑传播的原因，可以借助社会资本理论、社会认知理论和社会交换理论等。利他是消费者进行口碑传播的一个主要动机。利他是社会学中的概念。在网络环境中，利他不仅包括帮助自己认识的人，也包括帮助网络上的陌生人。社会因素还包括文化因素、社会压力与网络外部性等（曹欢欢和姜锦虎，2012）。例如 Fong 等（2008）采用跨文化比较的方法，比较了中国与美国几个知名网站的信息，发现中国消费者的信息搜寻动机更强，但提供信息的动机较弱。Koh 等（2010）认为不同的文化背景会影响消费者的评论，如与集体主义文化背景相比，个人主义文化背景下的消费者更倾向于给出极端评论。

另外，近年来关于网络口碑的外部影响因素的研究逐渐增多。Feng 和 Papatla（2011）发现增加的汽车广告会使在线口碑的数量减少。Moe 和 Schweidel（2012）发现产品的正面评论增加，会带来更多的产品评论。Purnawirawan 等（2012）发现有经验的评论人更倾向于发表与别人略有不同的评论，而缺乏经验的评论人更倾向发表大众化的观点。Racherla 和 Friske（2012）认为有一定声誉的评论者发表的评论内容更多，更具有平衡性。

2. 1. 4 网络口碑要素

网络口碑的要素包括：评论数量（Volume），即对产品或服务的评论总量；评论质量（Quality），如口碑内容的客观性、可理解性等；评论效价（Valence），即口碑是正面的还是负面的；评论的星级（Rating），即消费者对产品或服务的打分情况；评论长度（Length），即发表的评论信息的字数。除此之外，网络口碑的要素还包括评论的差异性（Variance）、发表口碑的时间跨度（Time）、口碑信息的来源（Source）以及评论的类型等。网络口碑的这些属性都会对口碑的后因变量产生一定的影响。

1. 网络口碑的评论数量

本书在介绍网络口碑的特性时已经分析了数量多是网络口碑的主要特性之一。由于在许多电子商务网站中，只有购买过产品或服务的消费者才能够发表网络口碑，因此网络口碑的评论数量反映了该产品受欢迎的程度，评论数量也体现了网络口碑的知晓效应。国内外学者普遍认为评论数量对产品的销售具有积极的影响（Godes 和 Mayzlin，2004；盘英芝、崔金红和王欢，2011）。从信息处理的角度分析，网络口碑数量对消费者产生影响属于消费者对口碑信息进行加工的边缘路径。本书在第 4 章将会探讨网络口碑数量对矛盾性消费者的影响。

2. 网络口碑的评论质量

网络口碑的评论质量可以通过口碑信息的客观性、可信性，相关性以及论据的充足性等衡量。刘玉明（2010）认为高质量的口碑信息能够详细介绍产品性能和购买者的使用经历，低质量的口碑则内容过于简单或者对产品信息陈述不清。Park 等人（2007）认为高质量的评论更具有说服力，能够引起消费者态度的改变。宋晓兵等（2011）认为高质量的网络口碑能够引起人们更积极的思考。消费者的满意度会随着评论质量的提升而提升，购买意向也随之增强。金立印（2007）认为主观评价型网络口碑由于包含更多的消费者的购物心得或者使用感受，因此比客观事实型口碑对消费者的影响更大。本书在第4章和第5章将分别探讨正面网络口碑和负面网络口碑的评论质量对矛盾性消费者的影响。

3. 网络口碑的效价

网络口碑的效价是指口碑传播者所发表的口碑的正面、负面或者中立的属性。

（1）引起正面口碑的驱动因素。前面已经探讨了消费者对产品的满意是其发表正面口碑最重要的驱动因素之一，除此之外，信任和激励机制等其他因素也会促使消费者发表正面口碑。信任是消费者对产品或者服务的一种情感态度，也反映了顾客的忠诚度。Ranaweera 和 Prabbu（2003）认为除了满意度因素之外，消费者对商家或者销售人员的信任程度会影响正面口碑的传播。Gremeler 等（2001）也认为信任对正面口碑发表有直接影响。Wintz 和 Chew（2002）认为满意度是产生正面口碑的必要条件，而不是充分条件，当满意的顾客受到一定的激励，如商家提供的物质奖励或者其他激励时，才愿意发表正面口碑。

此外，我国学者研究发现，消费者人格特质中的外倾性和宜人性也会促使消费者发表正面口碑（郭恺强和王洪伟，2014a）。具有外倾性特质的人更愿意进行社交互动，而具有宜人性特质的人更愿意分享信息并乐于助人。因此在消费者对产品和服务满意的前提下，具有外倾性和宜人性特质的消费者会倾向于发表正面口碑。谢毅和彭泗清（2014）认为消费者对品牌的信任和情感是通过其对品牌的态度的强化形成的，能够使其做出对企业有利的口碑传播。杨强、张宇和刘彩艳（2014）以正面口碑传播意愿为研究目标，指出服务补救中的赔偿、道歉和响应速度、主动性对消费者正面口碑传播意愿具有直接影响，文章还探讨了消费者感知控制的调节作用。

（2）引起负面口碑的驱动因素。不满意因素也是引起负面口碑的重要原因。Richins（1980）通过实证发现，不满意因素对负面口碑的影响还受到关系强度的调节，即不满意的消费者更愿意在与其关系亲密的人群中分享负面口碑。不满情绪通常还伴随着消费者的抱怨，负面网络口碑的传播就属于消费者抱怨的一种（Day 和 Landon，1976）。消费者发表负面口碑还受到企业对消费者抱怨处理的速度和有效性的影响，如果企业对消费者的不满处理不及时或处理方法不得当，消费者发表负面口碑的可能性就会增加。张圣亮和刘刚（2013）认为感知不公平的服务补救措施会给消费者带来负面情绪，促使其发表负面口碑，进而影响消费者的重购意向。此外，消费者归因也是负面口碑的影响因素之一。消费者对不满意的归因决定了其是否会发表负面口碑。Heider（1958）将消费者归因分为两种：内部归因和外部归因。当消费者将对产品或者服务的不满归因于外部，如企业销售人员或者服务人员，就可能会发布负面口碑。Richins（1983）通过实证分析发现，喜欢将不满情绪归因于机构而非自己的消费者，更容易进行负面口碑的传播。

4. 网络口碑的差异性

近年来，学者们开始关注对网络口碑差异性的研究（Hu、Pavlou 和 Zhang，2017）。网络口碑的差异性代表口碑发布者对产品或者服务的不同评价，即网络口碑信息不一致性。在衡量网络口碑的差异性时，大部分学者采用消费者评分的方差或者标准差进行整体评价（龚诗阳、刘霞和赵平，2013；黄敏学等，2017），也有的学者采用好评、中评和差评的数量或者比率作为衡量标准（Liu 和 Karahanna，2017）。但这些衡量标准存在一定的问题，因为现实中往往存在消费者发布带有负面评论的口碑信息，但却给出高分的现象。目前很少有学者分析评论内容的不一致性导致的网络口碑的差异。从评论内容的角度分析，冲突性网络口碑可以分为两种：一是不同用户对产品的评价总体上的不一致性，如有的消费者认为产品或服务好，而有的消费者认为产品或服务不好；二是消费者发表的网络口碑中关于产品不同属性评论的不一致性，例如，消费者对汽车的外观和内饰比较满意，而对其动力和操控却不满意；对某件衣服的款式和版型比较满意，而对衣服的质量不满意。由于后者在现实中更为常见，因此本书第 6 章所研究的冲突性网络口碑指产品属性评论的不一致性导致的差异性口碑。

学者们进一步探讨了网络口碑差异性对产品销售的影响。有的研究认为网络口碑的差异性存在负向影响，如 Tang、Fang 和 Wang（2014）认为不一致的网络口碑代表着产品质量的不稳定，会影响产品的销售。有的研究认为网络口碑的差异性存在正向影响，如 Sun（2012）认为不一致的网络口碑表明该产品是一种利基产品，而且评论差异性会激发消费者的好奇心，因此产品销量会更高。还有的研究认为网络口碑的不一致性既有正向效应又有负向效应，如陈漫、张新国和王峰（2015）通过对电影评论数据的实证分析，认为对于生产成本低或竞争性高的商品，网络口碑的不一致性越高，越有利于其销售；相反，对于生产成本高或竞争性低的商品，网络口碑的不一致性会阻碍其销售。综上，关于网络口碑的差异性对消费者购买意愿和产品销售的影响，尚未有定论，需要通过实证进一步研究。因此，本书第 6 章将深入探讨消费者发布的产品属性不一致性口碑对矛盾性消费者行为意愿的影响。

2.1.5 网络口碑的后因变量

网络口碑的后因变量主要包括网络口碑对消费者行为和对企业行为的影响，目前大多数的研究都聚焦于前者。

1. 网络口碑对消费者行为的影响

网络口碑能够对消费者的购买意愿和购买决策产生重要的影响，主要是因为网络口碑使消费者可以了解哪家企业的产品或者服务更适合自己的需要（Dellarocas，2003）。网络口碑降低了消费者对商品的不确定性，减少了搜索成本，增强了消费者对产品或者服务的购买意愿。学者们对网络口碑如何影响消费者购买行为做了大量的研究。Godes 和 Mayzlin（2004）发现商品被讨论得越多，就越有可能受到消费者的关注，由此引发更多的购买行为。金立印（2007）通过实验的方法发现口碑信息的类型、口碑的效价以及产品涉入度会影响消费者的购买决策。左文明等（2014）通过发放调查问卷并采用结构方程和逐步回归方法发现社会资本三个维度，即结构维度、关系维度和认知维度对网络口碑的数量和质量都存在着影响，而网络口碑的质量和数量能够影响购买意愿，社会资本通过网络口碑的中介作用影响消费者的购买意愿。Duan 等（2008b）发现网络口碑对消费者的影响主要是使消费者知晓和关注所传递的商品信息，从而使消费者形成对商品的态度和认知。Trusov 等（2009）通过对社交网站数据的分析，发现网络口碑营销相较于其他传统的营销方式，如广告、媒体和事件营销，在企业获取新用户上更加有效。

2. 网络口碑对企业行为的影响

目前，网络口碑对企业的影响主要表现为其对企业市场绩效的影响，如产品销量、产品定价或者公司股价等。Chevalier 和 Mayzlin（2006）通过分析 Amazon 和 Barnes & Noble 两个网站的数据发现，图书评论数量的增长能够带动图书销量的增长。龚诗阳、刘霞和赵平（2013）认为评论数量和评论分数分别是度量网络口碑知晓效应（Awareness Effect）和说服效应（Persuasive Effect）的最为重要的变量，并且分析了网络口碑这两种效应与图书销量的关系，发现评论数量和评论效价对图书销量具有正向影响，评论差异性则具有负向影响。Kim 等（2016）认为消费者过多地浏览产品的负面评论会对产品销售造成负面影响，但如果发布负面评论则对企业收入有正面影响。除此之外，学者们还探讨了网络口碑与产品销售之间的调节变量与中介变量的作用。Cui 等（2012）采用固定效应模型，分析从 Amazon 上获得的 332 个新产品的面板数据，发现平均星级和评论的浏览量（页面查看数量）对搜索型产品销量有显著影响，而评论数量对体验型产品销量的影响更为显著；评论数量在产品发布初期有显著影响，随后影响力减弱；差评比好评有更大的影响，证明了否定性偏好。Ho－Dac 等（2013）通过对新兴的蓝光光碟和成熟的 DVD 播放器两种产品的比较，认为品牌价值调节网络口碑与产品销量之间的关系，正面评论增加弱品牌（指没有显著品牌价值的品牌）的销量，相反，网络口碑对强品牌影响较小。销量越大，正面评论就越多，增加的正面评论能够帮助品牌实现由弱到强的转变，这就在销售和正面评论间建立了正反馈环，从而增加了弱势品牌的销量，提升其品牌价值。郭恺强（2013）把电影上映场次作为商家行为的因变量，发现专家口碑分值显著正向影响电影上映场次，用户口碑分值和网络影评数量对上映场次没有显著影响。

网络口碑对企业的影响还体现在企业产品定价受网络口碑影响和企业对网络口碑的应对等方面。Pavlou 和 Dimoka（2006）认为消费者除了考虑在线评论得分外，还考虑网络口碑的文本内容。网络口碑内容能够分化商家，从而使商家产生价格溢价。Shin 等（2008）认为正面口碑促使低价产品的价格提高。刘洋和廖貅武（2013）通过两阶段的博弈时序模型，探讨了软件质量、用户事前期望、网络效应和软件在线评分等因素对软件产品定价的影响。郭恺强、王洪伟和郑晗（2014c）以消费者效用理论为基础，建立了与在线评论相关的产品定价模型，分析了网络销售两阶段产品定价的影响因素，并通过数值模拟发现网络口碑的数量和消费者对产品价值预期这两个因素对两个阶段的产品价格都有显著影响。在企业如何回应产品评论方面，Chen 和 Xie（2008）采用博弈的方法研究了在社会化网络环境下，企业如何根据网络口碑信息来调整营销战略，认为即使网络口碑给消费者提供了额外的产品信息渠道，企业也应该主动为社会大众提供全面而真实的产品信息。此外，徐峰、丁斅和侯云章（2013）还研究了网络口碑影响下的企业合作供应链运营框架，从信息所有权和信息质量两个维度提出了基于网络口碑的三种供应链合作模式。

综上，可以用图 2.2 来表示网络口碑研究的整合框架。

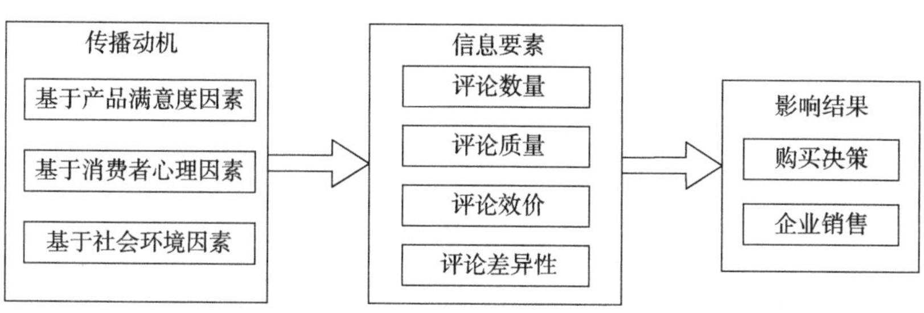

图 2.2 网络口碑研究的整合框架

2.2 消费者态度和行为理论

2.2.1 消费者态度

1935 年，奥尔波特（G. W. Allport）在《社会心理学手册》一书中指出，态度是基于过去的经验形成的，对个人的心理有着指示性或者动力性的影响。克瑞奇（Krech，1948）则认为态度是主体对事物的动机过程、情感过程和知觉过程的集合。根据卡茨的功能理论（Katz，1960），人们之所以持有某种态度，是因为这种态度能够满足他们个人的某种需要。如果外界的信息能够满足这种需求，它就更容易改变人们的态度（宋晓兵、丛竹和董大海，2011）。态度具有正面、负面和中性之分，还具有强弱之分。计划行为理论认为态度指个人对态度对象的正面或负面的感受，态度的各组成成分可以被看成行为结果的函数。态度的功能主要包括效用功能、价值表现功能、自我防御功能和认知功能（Katz，1960）。态度的功能不止一个，在许多情况下，一般只有一种特定的功能起主导作用。

在态度研究中得到普遍认可的两个模型是 ABC 模型和 Fishbein 的多属性模型。ABC 模型认为态度包含三个要素：情感（affect）、认知（cognition）和行为（behaviour）。情感是指消费者对态度对象的感觉；认知是指消费者对一个态度对象所持有的信念；行为包括人们想要对某一态度采取行动的意向，但意向不一定会发生实际行动。在不同的情境下，态度的三要素重要程度不同，消费者对一个事物的态度也不能简单地由某一要素决定。态度的三个层级效应可以解释三种态度成分的重要性，每个层级表示消费者态度形成的不同步骤。标准学习层是基于认知信息加工的态度，态度形成层次为认知—情感—行为，标准学习层级假设消费者对购买决策是高度参与的（Krugman，1965）。低介入层级是基于学习过程的态度，态度形成层次为认知—行为—情感，是在产品被购买或者使用后才形成的。经验层级是基于情绪性的消费态度，态度形成层次为情感—行为—认知，消费者基于产品包装以及所处的环境形成对产品的态度。一般来说，态度的三种成分是协调一致的，当出现不协调时，情感占有重要地位，情感决定行为倾向（马艳丽，2014）。态度的多属性模型是对一个品牌属性的补偿模型，由Fishbein（1963）提出。他认为消费者对产品不同属性的评价总和形成了其对产品的态度，即产品的一个属性的优势可以补偿其另一个属性上的缺陷。Fishbein的多属性模型可以用于描述对品牌或产品的评价与购买意愿之间的关系，即消费者对一个产品的积极态度会增加其购买产品的可能性，而消极态度会弱化消费者的购买意愿（郭国庆、杨学成和张杨，2007）。

态度的改变分为一致性的改变和不一致性的改变。一致性的改变指态度原有的方向不变，只是原有态度的强度发生变化，即量变。不一致性改变指性质相反的新态度取代原有的态度，属于方向性的改变，即质变。有关态度改变的理论包括学习理论（强化理论）和认知失调理论。学习理论（强化理论）以霍夫兰德（1959）为代表，认为态度是由学习而来的，并且态度改变是在学习过程中进行的，强调了联想、强化和模仿在态度转变中的作用。费斯廷格（1957）的认知失调理论认为，如果态度中有两种认知不一致就会造成认知失调，认知失调会使人产生压力和不愉快，人们态度的改变是为了维持各项态度之间的一致，达到认知协调。根据认知失调理论，要想改变一个人的态度，须找到使原有认知不协调的因素。霍夫兰德认为态度的改变在于信息的传播，并基于此提出了一个标准的态度改变模型，如图 2.3 所示。

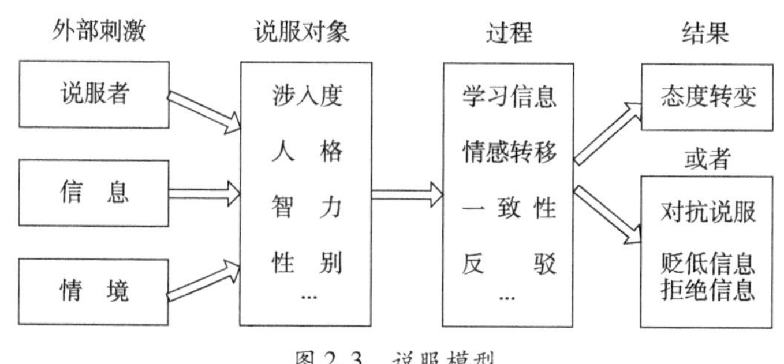

图 2.3 说服模型

资料来源：申荷永．社会心理学原理和应用［M］．广州：暨南大学出版社，1999：111.

2.2.2 消费者态度和行为意向的关系

行为意向指消费者采取某种行为的一种预期意愿（Ajzen，1973）。态度决定行为，行为是态度的外部表现。1967 年 Fishbein 提出了合理行为模型，合理行为模型被认为是预测消费者购买意向的典型理论模型之一。从该模型看，态度维度不包含行为意向，但态度会影响行为意向。由合理行为理论发展而来的计划行为理论（Theory of Planned Behavior，TPB）也认为当个人对于某项行为的态度是正向的，其行为意向更强。

态度和行为也会出现不一致的情况。例如，按照传统营销学的观点，消费者满意度可以有效预测消费者的行为，因此，提高消费者满意度是培育消费者忠诚的有效途径。但美国贝恩公司的一项调查发现，在汽车行业中有 85% ~ 95% 的消费者感到满意，但只有 30% ~ 40% 的人会继续购买该品牌汽车，而在餐饮行业中表达满意或者非常满意的顾客流失率更高（王霞、赵平和王高等，2005）。有学者认为消费者这种态度与行为的不一致是由态度内部结构的不一致造成的。态度内部结构一致性指态度评价总体与态度情感成分的一致性、态度评价总体与态度认知成分的一致性，以及态度情感成分与认知成分的一致性（周洁、冯江平和王二平，2009）。较低的情感—认知一致性也会导致较低的态度—行为一致性，态度对行为的预测能力也会较低（Chaiken 和 Baldwin，1981）。France（1999）研究了评价—认知一致性对态度—行为关系的影响，发现即使控制了其他变量的调节作用，评价—认知一致性仍然是态度与行为关系的重要调节变量。

本书认为，消费者态度和行为之间的不一致是经常发生的，而态度和行为不一致的原因是从态度到具体的行为之间存在着多种调节因素，如个体的心理或人格因素以及社会环境因素等。其中，消费者矛盾态度是非常重要的一个影响因素，下面本书继续探讨消费者的矛盾态度。

2.3 消费者矛盾态度理论

2.3.1 矛盾态度的概念

矛盾态度（Ambivalent Attitudes）的概念最早由 Scott 于 1966 年引入态度研究领域，他认为矛盾态度是态度的一个属性。传统的态度理论认为态度具有一维性（Uni - Dimension），人们对于一个事物要么喜欢，要么不喜欢，研究关注的是态度的结构和强度（Kaplan，1972）。近年来众多研究发现态度具有二维性（Dual - Dimension），消费者对同一个产品的态度既有正面的又有负面的（Cacioppo、Gardner 和 Berntson，1997），即矛盾态度。Meehl（1964）认为矛盾态度是对态度客体同时产生的快速交替的强烈的积极和消极情感。Priester 和 Petty（1996）认为当对同一个事物的积极评价和消极评价都达到一定强度时，矛盾态度就会产生。虽然学者们对矛盾态度的表述不尽相同，但大多数学者认为矛盾态度是个体或群体对某种态度目标同时存在的积极和消极的认知评价和情绪体验及其程度。

对于矛盾态度的研究较多集中在心理学、社会学或者政治学这些学科中。社会心理学领域的矛盾态度也被称为一般矛盾态度，相关研究聚焦于矛盾态度的特征及其对个体心理活动的影响（Clark、Wegener 和 Fabrigar，2008），如一些西方学者对种族偏见、选民态度、政策评价等特定类别的社会矛盾态度进行了研究。但总体上来说，对矛盾态度的研究还处于初级阶段（黄敏学、冯小亮和谢亭亭，2010a）。由于矛盾态度非常普遍，营销领域的学者在一般矛盾态度研究的基础上对消费者矛盾态度也展开了一定的研究。消费者在日常生活中经常需要面对一些难以抉择的情况，比如是买知名品牌的商品还是买普通的商品，知名品牌的商品有质量保障但是价格过高，普通商品虽然价格低但是质量有所欠缺；假期是出去旅游还是在家休息，出去旅游能够开阔视野但是成本较高，在家休息又担心浪费了假期。消费者矛盾态度非常普遍，而且会影响消费者的决策和行为。对于消费者矛盾态度的研究最早是由 Otnes、Lowery 和 Shrum（1997）进行的，他们通过深度访谈调查了消费者在购买婚礼用品过程中的矛盾态度，首次提出了消费者矛盾态度的定义，并分析了导致消费者矛盾态度的四个因素，包括：希望和现实的差距、过重的负担、他人的影响以及习俗和个人价值的冲突。我国对消费者矛盾态度的研究起步较晚，国内最早的研究是，陈志霞和陈剑峰（2007，2009）对矛盾态度的概念、测量方式以及矛盾态度的前因变量和结果变量进行了详细阐述。黄敏学等人（2010a）提出了消费者矛盾态度的概念，认为消费者矛盾态度指消费者对某一产品同时存在的积极和消极的认知评价和情感体验。他们认为一般性矛盾态度主要是社会心理学研究的内容，而消费者矛盾态度属于营销学和心理学相交叉的新兴领域。与一般性矛盾态度相比，消费者矛盾态度容易发生变化，受到外界环境影响较大，对消费者的行为能够产生较大的影响。近年来，消费者矛盾态度的形成及其对消费者行为产生的影响已经成为矛盾态度研究领域中的重点。不同学者给出的矛盾态度的定义如表 2.2 所示。

表 2.2 矛盾态度的定义

定义	文献来源
对某一客体或行动同时产生或者快速交换的正面和负面情感，并且正面和负面情感都非常强烈	Meehl（1964）
不相容的规范性态度、信念和行为达到一种状态或者状态的集合	Merton 和 Barber（1976）
对某些对象持有一种混合情感（正面和负面）的心理状态	Gardner（1987）
可评估观点的不同或者不一致的程度	Eagly 和 Chaiken（1993）
由相互竞争且可评估的倾向引起的冲突状态	Breckler（1994）
一种针对目标对象同等强度的正面和负面评价的心理倾向	Thompson、Zanna 和 Griffin（1995）
对某一态度客体包含的正面的（喜爱的）和负面的（不喜爱的）评价要素的程度	Wegener、Downing、Krosnick 和 Petty（1995）
消费者对某一产品同时存在相互独立的积极和消极的认知评价和情绪、情感体验，且只有积极评价和消极评价都达到一定强度时，消费者矛盾态度才会产生	Priester 和 Petty（1996）
对同一个目标客体同时存在的既希望又不希望的状态	Emmons（1996）
由内在因素和外在的人、制度、文化和市场等因素相互作用而产生的同步或者连续的多种情感状态，能够直接或间接地影响消费者购前、购中、购后的态度和行为	Otnes 等（1997）
个体或者群体对同一态度客体同时存在积极和消极的评价	Conner 和 Sparks（2002）
消费者对待某一营销要素同时存在的积极和消极的认知评价和情感体验	黄敏学等（2010a）

总的来说，消费者行为学领域关于矛盾态度的研究较少，目前还没有形成完整的研究框架，尤其缺乏实证性分析。消费者矛盾态度的作用机制和对个体态度和行为决策的影响研究更应受到学者们和企业实践者们的关注。

2.3.2 矛盾态度的测量

目前对于矛盾态度的测量还没有形成统一的方法，研究者对于矛盾态度最佳的测量方法还没有达成共识（Breckler，1994；Priester 和 Petty，1996；Thompson 等，1995a）。Conner 和 Sparks（2002）指出了矛盾态度测量上的三个主要差异：一是在矛盾性判断上的不同，有的观点认为是认知冲突产生了矛盾态度，有的观点认为是情感冲突产生了矛盾态度，还有的观点认为是认知和情感冲突产生了矛盾态度。二是在测量方式上有直接测量和间接测量的不同。直接测量方法是测量个体的主观印象，即态度的混合程度，通过一个或者多个测试项来判断被试对于态度客体的积极或者消极的反应，包括正面和负面评价，或者信念和感觉，如 Priester 和 Petty（2001）采用 3 个题项测量被试的矛盾态度；间接测量方法是对个体对同一个态度客体的正面或负面的想法、感觉或者信念进行单独测量，然后再按照一定的公式将正面态度和负面态度的得分代入，以得到被试矛盾态度的测量结果。三是，是否包含了所有矛盾态度产生的因素。我国学者陈志霞和陈剑峰（2007，2009）分别从认知、情感和认知/情感三个维度上总结了国外学者关于矛盾态度的直接和间接测量方法，为国内学者研究消费者矛盾态度奠定了基础。

具体来说，目前常用的消费者矛盾态度的测量方法如下：

1. 主观直接测量法

主观测量法是一种直接测量消费者矛盾的方法，常采用 Likert 量表询问被试主观上感知到的矛盾性大小（Preister 和 Petty，1996），进而评估其矛盾态度，也就是通过由被试填写 Likert 量表得到被试的矛盾性程度。表 2.3 列出了一些具有代表性的矛盾态度主观测量量表。然而由于被试无法准确地从主观上感知到自己的矛盾程度，测试的准确性往往受到影响。

表 2.3　矛盾态度主观测量量表

问项	量表级别	文献
“我对……同时具有赞同和反对的强烈情绪体验”	9 级量表（“-4”表示非常不符合我的看法，“+4”表示非常符合我的看法）	Thompson 和 Zanna（1995a）
“我关于……的想法是……”，“关于……我觉得自己犹豫不定”	7 级量表（“-3”表示“非常混合”，“+3”表示“一点也不混合”；“-3”表示“非常犹豫”，“+3”表示“一点都不犹豫”）	Jonas、Broemer 和 Diehl（2000b）
“我对……感觉比较复杂”“我认为……的感觉是冲突的”“我对待……的积极和消极评价同时存在”	7 级量表（“-3”表示非常不同意，“0”表示“既不反对也不赞成”，“+3”表示“非常同意”）	Olsen、Prebensen 和 Larsen（2009）

资料来源：作者根据文献整理

2. 客观间接测量法

客观间接测量法考虑到消费者矛盾态度的核心是同时存在强烈的正面态度和负面态度，因此采用分别测试被试的正面态度和负面态度的方式，再根据相应的计算公式计算出被试的矛盾程度（Armitage 和 Conner，2000；Thompson、Zanna 和 Griffin，1995a）。如先让被试不考虑负面态度，只从积极方面对态度对象的正面特征进行评分，然后再让被试不考虑正面态度，只从消极方面对态度对象的负面特征进行评分，得到积极和消极两方面的分值后，再根据相关公式计算矛盾态度程度。间接的矛盾性测量方法是目前应用最广泛的方法（Conner 和 Sparks 等，2002），该方法能更准确地独立评估被试对态度客体的正面、负面态度。

Kaplan（1972）最早实现了这种方法，采用分离语义差异法得到正负评价分值后，根据公式“矛盾性 =（主要评价 + 相反评价）-（主要评价 - 相反评价）”进行计算，所得分值越大代表矛盾性程度越高。其中正负评价中分值高的为主要评价，低的为相反评价。也有很多学者提出了其他的矛盾

态度的计算公式，例如 Thompson 等（1995a）在 Kaplan 的基础上提出了 Griffin 公式，这也是目前使用最广泛的计算矛盾态度的公式：矛盾性 = （P + N）/2 - | P - N | + X，其中 P、N 分别代表正面评分和负面评分，X 是为了得到正数而根据情况赋予的适当自然数。Jonas 等人（2000a）认为 Griffin 公式是最能体现矛盾性特征的公式。

3. 综合测量法

综合测量法结合了主观测量和客观测量两种方法，即先采用客观测量法测量出矛盾态度，再采用主观测量法获得被试对矛盾性的感知程度，然后将两者所得结果进行对比分析，这样可以提高矛盾态度测量的准确性。黄敏学等（2010b）在研究多元化口碑信息对矛盾性消费者的影响时，先是通过主观测量量表测量被试对 Windows 7 和 3G 手机的主观矛盾性程度，然后使用 Griffin 公式计算被试的矛盾态度，由此综合测量出消费者的态度矛盾性程度。

采用何种测量方法可以根据研究的具体内容而定。如果消费者矛盾态度在研究中很重要，应采取综合测量法。如果着重了解消费者对态度客体的正负面评价，应采取客观间接测量法。如王大海等（2015）在研究消费者对生态产品的购买意向时，就采取了 4 点 Likert 量表测量了消费者对某品牌衣领净的正负面评分，从而间接测量得到了被试的矛盾态度。如果只是了解消费者矛盾态度的程度，就可以为节省研究时间而采用主观直接测量法。如 Priester 等（1996）在研究中根据被试对态度客体的两面性、冲突性和难以抉择三个测量题项的均值得到了被试的主观态度矛盾性程度。

2.3.3 消费者矛盾态度的形成

导致消费者矛盾态度产生的因素，即消费者矛盾态度的前因变量一直是学者们关注和研究的重点。除与一般性矛盾态度具有共性的产生因素，消费者矛盾态度主要是由内部个人特征和外部营销环境共同作用而形成的，最常见的来源是对目标对象不同属性有着不同的评价。例如，消费者认为态度客体的质量高，能够形成正面态度，同时又认为态度客体的价格高，形成负面态度，正面态度和负面态度共同作用形成了消费者的矛盾态度。一般来说，主导型态度成分反向作用于矛盾态度，冲突型态度成分正向作用于矛盾态度。Priester 等（2007）基于预期理论认为消费者即使面对单级化的信息也会产生矛盾态度，这是因为个体会预期冲突型信息存在从而产生预期冲突反应（Anticipated Conflicting Reactions），即会弱化主导型态度而增强冲突型态度。我国学者陈志霞等（2007）认为个人自身因素和人际因素是导致矛盾态度产生的重要因素。黄敏学等（2010a）按照个人因素、产品因素和情境因素的分类进行了总结。高海霞等（2016b）根据消费者从产生购物需求到购后评价的消费过程总结了矛盾态度产生的因素。总的来说，国内外学者大多从定性的角度探讨矛盾态度形成的原因（王大海等，2015；黄敏学等，2010a；Conner 和 Sparks，2002），而进行实证分析的较少。本书在此部分先对已有的研究进行总结，在第 3 章对消费者矛盾态度的形成原因做进一步的实证分析。

综合国内外学者在社会学、心理学、营销学等领域的研究，本书认为消费者矛盾态度的形成有以下几个方面的原因。

1. 与个人有关的因素

消费者个人的期望与现实之间往往存在着差距，同时缺少解决问题的方法或者没有可替代的产品，导致消费者产生矛盾性。Priester 等（2007）认为当消费者认为未来会存在与现有情况不一致的信息时就会产生预期性冲突反应，个人的预期冲突对矛盾态度有较大的影响，从而进一步加强个人对事物认知的需求。具有较高认知需求的人会主动搜集更多的信息，但又受信息泛化的影响，因而具有较高的矛盾性。个人的知识水平和信息处理能力对矛盾态度的形成也具有一定的作用。在数字化时代，消费者每天都会面对海量的信息。当出现冲突化信息时，消费者由于个人知识有限及缺乏有效的信息处理能力，其矛盾态度会增强（Rudolph 和 Popp，2007）。此外消费者的购物经验也会影响矛盾态度。一般来说，购物经验越丰富，消费者矛盾态度就越低（高海霞和张敏，2016b）。

2. 与产品有关的因素

消费者在评价或购买产品时会涉及产品涉入度。Chaudhuri 等（2000）认为涉入度不同，消费者购买行为会存在明显的差异。产品涉入度指消费者基于个人的需求和价值观而感知的某一产品的重要性和关联性程度（Rothschild，1984）。金立印（2007）认为当产品涉入度较高时，消费者倾向于搜寻更多的产品信息进行比较，而且对决策失误的后果容忍性差，因此整个购买决策过程比较复杂和缓慢，进一步增强了消费者的矛盾心理；但当产品涉入度较低时，消费者的决策过程相对比较轻松，甚至会省略掉一些信息搜寻的过程，因而具有较低的矛盾心理程度。此外，对同一产品不同属性的相反评价（如认为产品质量高但价格贵）也会引起消费者矛盾态度的形成（Bell 和 Esses，2002）。

3. 与环境有关的因素

Fingerman 等人（2004）认为个人的社会关系会影响矛盾态度的产生，关系越亲密，越容易产生矛盾情感，个体对家庭成员的矛盾情感水平要高于其对非家庭成员的矛盾情感水平。Priester 和 Petty（1996）认为个体与其生活中重要他人（significant others）之间态度的差异是矛盾态度的前因变量之一，即不仅个体自身的积极和消极态度产生矛盾性，个体与重要他人如果态度不同也会引起个体矛盾态度（Interpersonal Ambivalence）。此外，人们在做出购买决策时，一般乐于听取所信赖之人的意见以降低购买决策中的潜在风险，因此消费者购买行为也受到参照群体的影响。参照群体指个人在形成其购买或消费决策时用以作为参照、比较的个人或者群体（符国群，2001）。当对某产品或服务的选择与参照群体的态度不一致时，消费者便可能会因为犹豫不决而产生矛盾态度（Otnes、Lowery 和 Shrum，1997）。

此外，也有学者（黄敏学、冯小亮和谢亭亭，2010a）认为产品的过度丰富、广告的泛化、信息来源的差异以及卖场服务人员的态度等因素也会导致消费者矛盾态度的产生。Otnes 等人（1997）总结了矛盾态度的前因变量及其处理策略，如表 2.4 所示。

表 2.4　消费者矛盾态度前因变量及处理策略

矛盾态度的前因变量	处理策略
对产品或供应商的预期与现实之间的差距	商品退回、更改购物地点、坚持自己的决定
产品过度丰富、任务过载	简单化处理、寻求外界帮助、扩大信息搜索范围
与参照群体不一致	顺从、妥协
习俗和个人价值观冲突	顺从、改变、不购买

资料来源：Otnes 等（1997）

2.3.4　矛盾态度对消费者的影响

1. 对信息处理的影响

与消费者信息处理方面有关的理论和模型包括双过程理论和详尽可能性模型。一般来说，矛盾程度不同的消费者对信息处理的方式也不同，态度矛盾性会增加与态度有关的信息处理。Conner 等人（2002）认为矛盾性对于态度和行为的关系具有反向调节作用。Bee 等人（2013）认为矛盾性是态度和行为产生不一致的主要原因。相关研究认为消费者矛盾态度程度会进一步强化其对信息的搜寻，提高消费者对信息做精细加工的可能性。结合消费者矛盾态度的特点，Maio 等人（1996）认为矛盾态度会促使个体对信息进行精细加工。这是因为矛盾态度会引起人们的不舒服的感觉，对信息的精细加工能够获得较为准确的对客体的评价，从而降低矛盾性程度。Nordgren 等人（2006）的研究也证实了 Maio 的观点。此外，Jonas 等人（2000b）认为高矛盾态度个体态度的确定性较弱，因此要通过对信息的系统加工提高态度确定性。在信息搜索方面，江晓东等（2013）认为在面对声称健康的功能性食品的冲突性信息时，消费者会产生矛盾性并进而倾向于做出进一步的信息搜索行为。这是因为矛盾态度使得消费者感到冲突和难以抉择，消费者需要搜集更多的信息降低矛盾态度的程度（黄敏学、谢亭亭和冯小亮，2010b）。当然，也有的研究得出了相反的结论。例如 Broemer（1998）认为高的矛盾态度水平会导致较低的信息可接受性，从而降低了高矛盾性消费者对态度客体进行信息加工的动机。

此外，矛盾态度程度不同也会导致消费者对外界信息的关注点不同。Clark 等人（2008）认为高矛盾性的个体并不对所有的信息都增加处理，他们会避免处理具有说服性的信息，更倾向于处理具有弱化矛盾作用的亲态度信息（proattitudinal message），减少处理那些可能增强矛盾的反态度信息（counterattitudinal message），也就是说消费者通常会较多地关注外界信息的观点是否与自己相似；与之相反，低矛盾性的个体没有弱化矛盾的动机，因而会更多地处理反态度信息，而避免处理亲态度信息。黄敏学等（2010b）在 Clark 研究的基础上，通过实验方法发现矛盾态度在消费者对外界信息的选择和处理中具有调节作用。具体来说，高矛盾性个体会选择性注意正面信息，来降低自身的矛盾性，而低矛盾性个体没有强烈地弱化矛盾态度的动机，因而会选择性注意负面信息。

2. 对消费者行为的影响

已有研究认为矛盾态度往往会削弱个体态度在坚持性、抵抗力、对信息的判断和对行为的引导四个方面的强度，削弱态度对行为的预测作用（Jonas 等，2000）。矛盾态度越强，态度稳定性越弱，对消费者行为的影响就越大。矛盾态度在态度和行为意向之间起着调节作用，一些学者认为矛盾态度会导致行为的不确定性，由此会弱化态度与行为之间的关系（Conner 等，2002）。Olsen 等人（2005）认为消费者的态度矛盾性负向影响着消费者的满意度，进而影响消费者对产品的忠诚度，因此，消费者矛盾程度越高，重购意愿就越低。方宇通（2014）在研究顾客逆向行为对消费者重购意愿的影响时，发现消费者矛盾态度在二者之间起到调节作用，并解释了消费者重购意愿变化的心理原因。王大海等（2015）通过实证研究认为个体特征因素和外在营销因素难以完全解释消费者对生态产品购买意愿的作用机制，二者还要通过矛盾态度这个中介变量产生部分影响。高海霞等（2016a）也认为消费者的矛盾态度在网络口碑与消费者品牌转换行为之间起着部分中介作用。

2.4 文献述评及本书研究的问题

通过对国内外文献的梳理发现，对于网络口碑相关理论的研究已经非常丰富，研究者应用不同的理论，从不同的视角对网络口碑的自身因素、网络口碑的前因变量和后因变量、网络口碑的传播及影响、消费者对网络口碑的可信性和有用性评价以及网络口碑内容的情感倾向判断等进行了大量的研究。典型的如从网络口碑的内容特征角度出发，以评论质量、评论效价、评论数量以及评论长度等探索网络口碑的有用性以及网络口碑对消费者的影响。但目前网络口碑实证研究领域还缺乏统一的研究框架，尤其是有关消费者特征层面的研究还比较欠缺。针对消费者态度的研究发现，当出现不一致信息时，尤其是当网络口碑信息相互冲突或者来源不一致时，消费者容易产生矛盾态度。但目前网络口碑对消费者矛盾态度有何影响，进而对消费者决策和行为又有何影响，这些问题还缺乏有效的分析。

总的来说，目前关于网络口碑对消费者态度和行为影响的研究中还存在以下几方面的问题：

第一，在网络口碑对消费者的影响研究中，往往把消费者看作是一个整体，大多从聚合层面考察网络口碑与产品销售之间的关系，很少有研究能够基于消费者不同特征，即在个体层面进行针对性研究。消费者具有自身的特点，从消费者的心理特征出发，对网络口碑的影响以及影响路径的研究还十分欠缺。

第二，现有的关于矛盾性态度理论的研究主要集中在社会学、心理学或者政治学等领域，营销和消费者行为研究领域很少涉及矛盾态度研究，对矛盾态度的形成以及网络口碑对矛盾态度影响的研究还需要进一步深入。

第三，网络口碑的效价（正面和负面口碑）被认为是影响消费者行为的一个重要因素，虽然在这方面积累了一些研究成果，但还没有形成统一的结论，一些研究结果甚至相互冲突。这主要是因为以往没有对正负面网络口碑分别进行有针对性的研究，对不同效价网络口碑的作用机制还需要进一步探索。此外，对网络口碑的差异性或冲突性研究一般是从用户评论打分的角度入手，缺乏从口碑内容的角度进行的探讨，尤其是有关用户产品属性评论不一致性对消费者影响的研究还比较欠缺。

第四，目前网络口碑研究大多探讨口碑信息对行为意向的直接作用机制或者探讨调节变量的作用，缺乏有关矛盾性的情绪和态度对消费者决策和行为的影响的研究。此外，一般来说消费者态度通过行为意愿影响消费者行为，但消费者在具有矛盾态度的情形下，其态度与行为意愿之间的关系如何变化，这个问题还没有引起学者们的足够重视。

基于此，本书研究的问题主要在于以下四个方面：

第一，消费者矛盾态度的产生原因。本书第3章将通过实证分析来探讨网络口碑作用机制下消费者矛盾态度影响因素。

第二，正面网络口碑对矛盾性消费者态度的影响路径研究。本书第4章将基于详尽可能性模型（ELM），分析正面网络口碑的质量和数量对矛盾性消费者态度的影响路径。

第三，负面网络口碑对矛盾性消费者行为意愿的影响。本书第5章将探讨负面网络口碑及其补救机制对矛盾性消费者的购买意愿产生的影响并分析其背后的原因。

第四，消费者矛盾态度的中介和调节作用研究。本书第6章将探讨矛盾性态度在网络口碑和消费者行为意愿之间的作用机制以及矛盾态度将如何影响消费者态度与行为之间的关系。

这些问题的解决可以进一步完善网络口碑的研究框架，探究消费者决策的“黑箱”，也有助于企业或者商家针对矛盾性的消费者采取相应的营销策略。

第3章 消费者矛盾态度影响因素研究

对消费者矛盾态度产生的影响因素进行分析有助于更深入地了解其对消费者态度和行为的影响，本章对消费者矛盾态度产生的前因变量进行实证分析，构建理论模型，力求对消费者矛盾态度的产生机制有更深入的分析，为后面的章节奠定研究基础。

面对众多可选择的品牌和商品，消费者往往难以抉择，对商品或服务经常会产生矛盾态度。导致消费者产生矛盾态度的原因很多，学者们从各自的研究视角提出了诸多影响因素，但并没有形成一致的结论，而且大多数的研究采用的是定性分析，缺乏实证分析的支撑，也缺乏对各影响因素不同影响强度的分析。本章以搜索型产品为例，采用 BP 神经网络（back-propagation neural network）方法，总结出消费者矛盾态度产生的影响因素，并进行实证分析，以期完善消费领域矛盾态度的研究，为企业有效地分析消费者行为和制订合适的营销战略提供理论依据。

3.1 模型构建与理论假设

学者对消费者矛盾态度的前因变量进行了一定的研究。如黄敏学等人（2010a）采用定性分析的方法从个人因素、产品因素和情境因素三个方面总结了消费者矛盾态度产生的影响因素。马艳丽等人（2013b）采用访谈方法从在线评论数量、评论效价、评论内容这三个维度研究了在线评论矛盾性的影响因素。采用定量研究的学者较少，如王大海等人（2015）通过准实验研究设计和均值方差分析方法从内在个人特征和外在情境因素两方面针对生态产品分析了消费者矛盾性的影响因素，发现生态知识、感知效用、价格敏感性和群体认同影响消费者的矛盾态度。通过对文献的分析，发现学者们提出的影响消费者矛盾态度的因素不尽相同，甚至有相互矛盾的结论。如 Thompson 和 Zanna（1995b）认为较高的涉入度会弱化消费者的矛盾态度。而潘晓波等人（2014）认为在高涉入度的情形下，消费者对产品预期的负面态度较高，从而产生更强的矛盾态度。学者们的研究之所以出现冲突，原因有两点：一是研究的对象和视角不用；二是研究所采用的方法不用，并且在定量研究中大多采用单因素分析方法，没有考虑多因素之间的交互作用。基于以上的分析，本书从个人内在因素和外在环境因素两个方面，以搜索型商品为例，采用 BP 神经网络方法探讨影响消费者矛盾态度的主要因素。结合前人的研究基础与消费者矛盾态度的特点，本书认为个人内在因素包括消费者产品知识、产品涉入度、价格敏感性；外在环境因素包括与参照群体的冲突、信息差异性。

3.1.1 个人内在因素

1. 消费者产品知识

消费者对产品知识的掌握程度不仅会影响其信息搜寻，而且会影响其决策过程（Karimi、Papamichail 和 Holland，2015）。消费者知识包括消费者对产品的熟悉程度和对产品认知的专业度。具有高知识水平的消费者对产品更了解，容易获得产品的关键属性，降低决策过程中的不确定性，比低知识水平的消费者更能做出适当的决策（Park、Mothersbaugh 和 Feick，1994）。而低知识水平消费者由于缺乏产品知识，很难形成对产品属性的全面认知，从而影响其在进行决策时的自信心（Swaminathan，2003）。黄敏学等（2010a）认为消费者对于产品的认知需求是矛盾态度产生的原因之一。王大海等（2015）认为消费者生态知识水平越高，其生态产品购买决策中的矛盾态度水平越低。由此本书认为如果消费者对产品具有高熟悉度，对产品认知有一定的专业度，其受产品负面属性的影响较小，在决策中更积极主动，矛盾性水平更低，也即消费者产品知识对态度矛盾性水平具有重要影响。

2. 消费者产品涉入度

产品涉入度（Product Involvement）指个人基于内在需要、价值和兴趣所感知的自己与客体之间的相关程度（宋晓兵、丛竹和董大海，2011）。消费者对产品越重视或者产品对消费者越重要，涉入度就相对越高。不同的涉入度会产生不同程度的矛盾态度。关于产品涉入度对矛盾态度的影响没有统一结论，有的学者认为较高的产品涉入度与专业知识相结合会弱化矛盾态度，有的学者认为较高的产品涉入度涉及复杂的处理过程，会增强矛盾态度（黄敏学、冯小亮和谢亭亭，2010a）。一般来说，较高的产品涉入度会弱化消费者的矛盾态度（Thompson 和 Zanna，1995b）。本书赞同此观点，这是因为较高的产品涉入度意味着消费者更积极主动地搜寻产品的相关信息，对产品具有较高的认知水平。因此，产品涉入度的高低对消费者矛盾态度也会产生影响。

3. 价格敏感性

价格是影响消费者购买决策的重要因素，因此价格敏感性一直是消费领域研究的一个重要问题（韩飞和于洪彦，2011）。Goldsmith 等（2005）将价格敏感定义为消费者对某一价格水平或者价格变化所做出的反应。价格敏感性反映了人们对产品价格差异的感知和反应程度。价格敏感度不同，导致消费者在产品信息搜寻、备选产品评估等方面存在着差异（王霞、赵平和王高等，2004）。由于消费者对商品价格有相对稳定的估算区间，如果商品价格上涨超出了这个区间，对于价格较敏感的消费者心理就会失衡，甚至产生明显的负面情绪。消费者价格敏感性会显著影响产品的延迟购买程度与等待时间（曾龄玉，2005）。因此，价格敏感性使消费者在决策中犹豫不决，增强了消费者的矛盾态度。

3.1.2 外在环境因素

1. 与参照群体的冲突

参照群体指个人在形成其购买或消费决策时用以作为参照、比较的个人或群体（郭国庆，2016）。由于参照群体对消费者产品选择和购买意愿有显著的影响，因此矛盾态度也会受到人际因素的影响（李先国、杨晶和刘雪敬，2012）。Priester 等人（2001）通过实证研究发现个体态度与其生活中重要他人（significant others）态度的差异会引起个体矛盾态度（interpersonal ambivalence）。同样，当消费者在消费产品或者服务中做出的决策与参照群体（如亲人、朋友、同事等）的态度不一致时，消费者便会犹豫不决从而产生矛盾态度（Priester 和 Petty，1996）。如果消费者个人与参照群体态度不一致或者参照群体中的不同成员态度之间存在冲突，消费者矛盾态度就会增强。

2. 信息差异性

消费者能够从多种渠道获取产品的相关信息。尤其是随着社会化网络的快速发展，消费者往往借助大量的网络口碑信息获得他人对产品质量或者使用效果的描述。然而针对同一产品的在线评论的效价往往存在差异，即对同一产品的正面评论和负面评论往往同时存在。相互冲突的产品信息容易使消费者产生怀疑，进而增强消费者的矛盾态度（Sher 和 Lee，2009）。因此本书认为关于产品或者服务的信息差异性对消费者的矛盾态度能够产生一定的影响。

3.2 构建神经网络模型

研究消费者矛盾态度影响因素的文献一般采用主成分分析法或者线性

回归的方法，但这两种方法采用的是线性的分析过程，往往忽视变量之间的非线性关系和交互关系，在模型预测的准确度上也不是很理想。因此为了验证上述因素对消费者矛盾态度的影响，本书采用的是构建人工神经网络模型进行实证分析的方法。神经网络具有自适应与自组织能力，采用非线性学习的方式。本书采用 BP（back propagation）反向传播网络。BP 神经网络分为输入层、隐藏层和输出层，每层具有多个处理单元，即节点。输入层节点负责接收和处理训练样本集中的各输入变量值，输入节点的个数取决于输入变量的个数。输出层节点对应所属分类，对于二分类问题只需设置一个输出节点。隐藏层能够实现非线性样本的线性化变换，隐藏层数和节点个数可自行设定。神经网络的层数和每层处理单元的数量，决定了网络的复杂程度。为了提高神经网络的训练速度，一般设置一个隐藏层。

BP 神经网络每层节点相互连接，称为权。权一般用 W_{ik} 表示，代表前一层单元 i 到后一层单元 k 的连接权。神经单元是 BP 神经网络运作的基础，神经单元运算模型如图 3.1 所示。

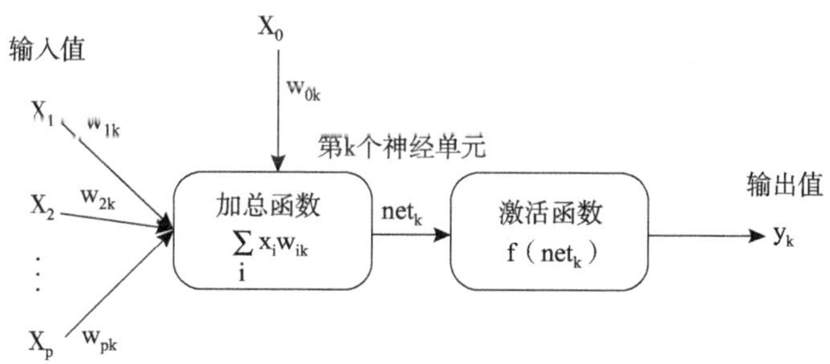

图 3.1　神经单元运算模型

资料来源：简祯富，许嘉裕．大数据分析与数据挖掘［M］．清华大学出版社，2016：128－129.

BP 神经网络的学习算法包括向前传递输入和向后传递误差两种过程。向前传递中，输入信息从输入层通过隐藏层加权计算，经激活函数转换后，传向输出层并计算网络输出值。BP 神经网络一般使用（0，1）型 Sigmoid 函数作为激活函数：

$$f(U_j) = \frac{1}{1+e^{-U_j}} \tag{3.1}$$

其中 $f(U_j)$ 代表某节点的输出值，节点的输出被限制在 0～1 的范围内。U_j 代表该节点的输入值，是上层所有节点与该节点的权重之和。Sigmoid 函数具有非线性的特点。当网络输出值与真实值有差异时，则后向传递误差，以便修改各层神经单元的权重与该单元的偏置值，其中偏置用来改变神经单元的活性。BP 神经网络的学习一般采用梯度下降法调整权值，通过迭代训练网络，使训练样本的实际值（d_k）与网络输出值（y_k）的均方误差 E 达到最小，均方误差 E 的公式如下：

$$E = \frac{1}{2}\sum_{k=1}^{q}(d_k - y_k)^2 \tag{3.2}$$

权值的调整取决于学习率 η 的大小，学习率一般是经验值，通常取 0.0～1.0 的常数值。学习率太大，会造成神经网络的权值不收敛，在不适当的解之间摇摆；学习率太小，则会造成神经网络的学习过慢。权值的调整是误差 E 对权值 W 的偏微分，公式如下：

$$\Delta W_{jk} = -\eta \frac{\partial E}{\partial W_{jk}} = \eta \delta_k z_j \tag{3.3}$$

其中，δ_k 是后一层单元 k 的误差值，z_j 是前一层单元 j 的输出值。神经网络学习的过程就是不断调整权值和误差的过程，当网络权值和误差都收敛到一定的值，则学习过程结束。本书利用 BP 神经网络学习的能力，构建矛盾态度影响因素预测模型 AABP（an ambivalent attitude’s prediction model using backpropagation neural network），分析各影响因素之间的差异。模型中将消费者产品知识（X_1）、产品涉入度（X_2）、价格敏感性（X_3）、与参照群体的冲突（X_4）以及信息差异性（X_5）作为输入层变量，矛盾态度强度作为输出层变量（Sangjae 和 Joon，2014），其中 1 代表高矛盾者，0 代表低矛盾者，设置一个输出节点。如图 3.2 所示。

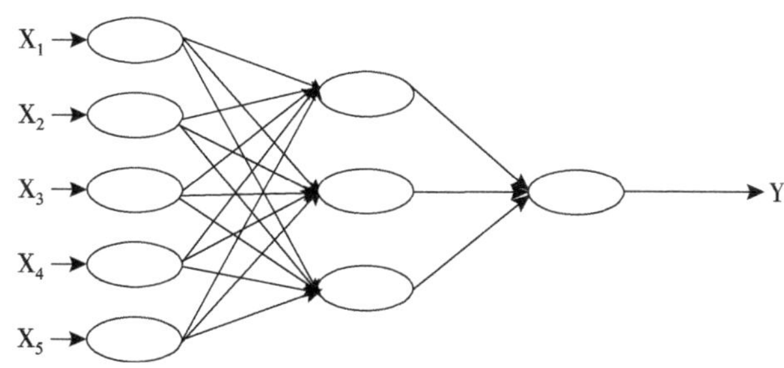

图 3.2 AABP 模型

3.3 基于 BP 神经网络的消费者矛盾态度影响因素模型应用

3.3.1 变量的控制和预测试

本研究采用实验的方法收集数据，将某品牌新上市的手表作为实验目标物。手表是一种搜索型商品，消费者在选择购买手表时会考虑多种因素，在态度上具有一定的矛盾性。本研究在实验中虚拟了一个 A 品牌新上市的具有男女两种款式的手表，首先让被试阅读一条有关这款手表的图文信息。实验对产品知识和与参照群体冲突这两个变量采取根据量表直接测量的方式，对产品涉入度、价格敏感性和信息差异性三个变量进行控制，作为实验的操纵变量，将矛盾态度作为因变量。实验过程中，将被试平均分成数量相同的两组，将其中一组作为实验组，另一组作为控制组。

首先对产品知识变量不进行操控，选择直接测量的方式。借鉴 Zemborain 等人（2006）的研究设计，要求被试报告其对手表的知识（“我对 ××× 是熟悉的”“我对 ××× 的相关知识是了解的”）。

对于产品涉入度变量的控制，采取了两种不同涉入度情境的表述形式，如表 3.1 所示。

表 3.1 涉入度情境描述

研究情境	情境描述
高涉入度	你打算精心挑选一只手表，作为生日礼物送给你最亲近的人，以此表达你的心意。你在网上看了好久，发现这只手表是比较满意的一只
低涉入度	你某天浏览购物网站，本打算买件衣服，无意中看到一只式样还不错的手表。其实你已经有好几只手表了，但还是有点想买下它

在预测试中，邀请 15 名被试阅读上面的情境文字，然后填写 Zaichkowsky（1985）的涉入度量表。结果显示在高涉入度情境下被试的产品涉入度得分为 5.65，在低涉入度情境下被试的产品涉入度得分为 2.54，两种不同情境下被试涉入度的测量差异显著（$t = 11.54$，$p < 0.001$）。在正式实验过程中，向实验组展示产品高涉入度情境描述，向控制组展示产品低涉入度情境描述。

对于价格敏感性变量的控制，实验设置了这只新上市手表与 A 品牌另一款手表的三组售价对比，新上市手表比另一款手表的售价分别高出 400 元、700 元和 1000 元。通过测试让被试选择感受价格差异最明显的一组。预测试中，邀请 46 位被试并将其随机分为三组，然后分别测量了他们对价格差异的感知（7 分量表，1 表示差异很小，7 表示差异很大）。通过方差分析显示第三组对价格水平差异感知较为显著（$M_{第三组} = 5.22$，$p < 0.01$）。对于价格敏感性，实验向实验组的被试表明该款新式手表与其他同类型的手表相比价格高出 1000 元，向控制组仅展示产品的售价信息。对价格敏感性的测量借鉴了 Goldsmith 等人（2005）的研究，使用 6 个题项来测度。

参照群体冲突变量设置为“87% 的被调查者想使用 ×××”“10% 的被调查者以后再决定”以及“3% 的被调查者不想使用 ×××”，设计成饼图的形式，分别以绿、黄、红三种颜色注明。该饼图向实验组展示，但不向控制组展示，然后测量被试与参照群体的冲突程度。由于被试与参照群体的态度差异无法获知，即对参照群体冲突变量难以控制，因而实验选择了直接测量的方式。本研究借鉴了 Otnes 等人（1997）的研究成果，采用两个题项来测度与参照群体冲突变量。

将信息差异性变量设置成4条正面评论和4条负面评论，即设置成具有较高冲突性的第三方评论展现给实验组，正面评论和负面评论交替呈现。向控制组展示的第三方评论全是正面信息。对于信息差异性的测量借鉴 Hodson 等人（2001）的研究，采用3个题项。预测试中邀请15名被试分别阅读具有差异性的评论信息和完全正面信息，经过 t 检验发现被试对信息差异性的感知显著不同（$t = 15.76$，$p < 0.001$）。

3.3.2 因变量矛盾态度的测量

借鉴 Thompson 等人（1995a）的实验方法，实验采用书面问卷形式测量了被试对手表的正面态度和负面态度。实验过程中首先请被试仅从手表的正面特征考虑而忽略负面特征，获得其对手表的正面印象得分（“我会喜欢该手表”“购买该手表会感觉良好”）；而后请被试忽略手表的正面特征，仅考虑负面特征，获得被试对手表的负面印象得分（“我不会喜欢该手表”“我觉得购买该手表会感觉不好”）。在测量了被试对手表正面态度和负面态度的基础上，根据 Griffin 计算公式“矛盾态度 =（正面态度 + 负面态度）/2 - | 正面态度 - 负面态度 | +2”计算出参与者的态度矛盾性程度，其中“+2”是为了保证矛盾态度值不为负数。分值越高意味着态度矛盾性程度越高。实验认为矛盾态度测量值大于平均值的被试为高矛盾性消费者，认为矛盾态度测量值小于平均值的被试为低矛盾性消费者。

3.3.3 样本选择

本次实验共邀请了某大学的300名本科生参与实验，大学生样本具有同质性，且该类人群经常网络购物，可以作为有效的研究样本。本实验在实验室中进行，要求被试独立地完成相关问题的回答。实验采取书面问卷的形式，所有量表均使用7点Likert量表，如表3.2所示，最终收到有效问卷288份。

表3.2　测试题项

变量	测量题项	量表来源
产品知识	1. 我对该产品是熟悉的 2. 我对该产品的相关知识是了解的	Zemborain（2006）
产品涉入度	1. 我觉得购买该商品的决策是非常重要的 2. 当我购买该产品时，我会很慎重地选择 3. 如果决策错误，我将觉得很沮丧	Zaichkowsky（1985）
价格敏感性	1. 价格是不同产品之间的唯一差别 2. 产品的价格对我而言很重要 3. 如果产品价格很高我不会购买 4. 我知道新产品可能会比旧款贵，但对我来说没关系 5. 我不在意花更多的钱去尝试一个新的产品 6. 我认为花很多的钱去买真正好的产品是值得的	Goldsmith（2005）
与参照群体的冲突	1. 我认为我与其他人的想法不一致 2. 总的来说，我的选择与大多数人的选择不同	Otnes（1997）
信息差异性	1. 我认为信息表述具有冲突性 2. 我认为信息表述具有矛盾性 3. 我认为信息表述具有两面性	Hodson（2001）

资料来源：作者整理

3.4　模型训练及结果分析

3.4.1　变量操控检验

通过t检验验证实验对产品涉入度、价格敏感性和信息差异性三个控制变量的操纵是否达到了预期效果。经检验发现，实验组与控制组相比在产品涉入度水平上具有显著差异（$t=12.56$，$p<0.001$），在价格敏感性水平

上具有显著差异（$t=8.54$，$p<0.01$），在信息差异性水平上同样具有显著差异（$t=13.45$，$p<0.001$）。这说明实验对控制变量的操控是成功的。

3.4.2 网络结构设定

AABP 模型采用各个影响因素作为输入变量，包括消费者产品知识（X_1）、产品涉入度（X_2）、价格敏感性（X_3）、与参照群体的冲突（X_4）、信息差异性（X_5），输出变量为矛盾者态度（Y）。由于三层 BP 神经网络可以以任意精度逼近任意映射关系，所以选用三层结构 BP 网络，即：输入层、隐含层和输出层。输入层节点数设置为 5，对应 5 个影响因素变量。输出层节点数为 1，对应输出变量 Y。

本书经过多次试验发现当隐含层节点数为 3 时 BP 神经网络的均方误差最小，即对函数的逼近效果最好，因此把隐含层节点数设定为 3。

3.4.3 实验参数设定

本书借助 R 语言软件进行模型的构建和检验。为了消除量纲对数据结构的影响，在 R 语言中使用 scale 函数对数据进行标准化处理。scale 函数使用的标准化处理公式如下：

$$v' = \frac{v - min_A}{max_A - min_A}(new\_max_A - new\_min_A) + new\_min_A \tag{3.4}$$

表示将数值 A 映射到区间［new_min_A，new_max_A］，新的区间是［-1，1］。本研究利用 R 语言 neuralent 包中的 neuralent 函数对神经网络模型进行训练，该函数可实现 BP 反向传播网络的二分类建模和回归建模。函数参数 hidden 设置为 3，表示有 1 个隐层并包含 3 个隐藏层节点；参数 err. fct 取 sse，表示误差函数采用误差平方；参数 linear. output 设置为 FALSE，代表输出节点的激活函数为非线性函数；参数 algorithm 设置为 backprop，代表使用传统的 BP 反向传播网络；参数 learningtate 用于指定学习率。经过反复测试发现学习率设置为0.01，模型误差达到最小。

3.4.4 网络训练结果

ROC曲线用于说明神经网络的分类性能，是反映敏感性和特异性连续变量的综合指标。在确定ROC曲线时，需要使用二分类预测的分类矩阵，如表3.3所示。

表3.3 分类矩阵

实际类别	预测类别	
	1	0
1	TP	FN
0	FP	TN

其中，TP表示实际值和预测值都为1的样本数；FN表示实际值为1、预测值为0的样本数；FP表示实际值为0、预测值为1的样本数；TN表示实际值和预测值为0的样本数。由此可计算出TPR（True Positive Rate）（见公式3.5）和FPR（False Positive Rate）（见公式3.6）

$$TPR = \frac{TP}{TP + FN} \tag{3.5}$$

$$FPR = 1 - \frac{TN}{FP + TN} \tag{3.6}$$

典型的ROC曲线的横坐标为FPR，纵坐标为TPR。ROC曲线下面积越大，模型准确性越高。在ROC曲线上，最靠近坐标图左上方的点为敏感性和特异性均较高的临界值。AABP模型经过训练后的ROC曲线如图3.3所示。

对神经网络模型准确度数值的判定可通过AUC（Area Under Curve）值进行分析，AUC值代表了ROC曲线下的面积，因此AUC数值一般在0.5和1之间，越接近1说明模型准确度越高。由于二分类模型的预测输出值一般

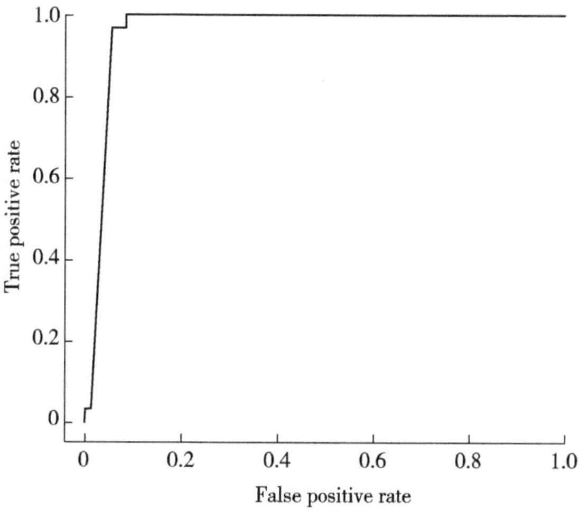

图 3.3　模型 ROC 曲线图

为正类的概率值，使用 AUC 可以省略在计算模型准确度时将预测概率值转换成类别值的步骤。此外，AUC 值对样本类别是否均衡并不敏感，因此其适用的范围更广。AUC 是通过计算所有 M × N 个正负样本对中，模型分类器输出正类别样本为正的概率大于输出负类别样本为正的概率的可能性值，因此 AUC 的计算公式如下：

$$AUC = \frac{\sum_{i \in positiveClass} rank_i - \frac{M \times (1 + M)}{2}}{M \times N} \tag{3.7}$$

其中，M 为正类样本的数目，N 为负类样本的数目，$rank_i$ 为正类样本概率的排序。通过调用 R 语言包中的 AUC 函数可得到 AABP 模型的 AUC 数值为 0.933，说明 AABP 模型预测值接近真实值，并且从 ROC 曲线图中也可看出模型训练效果较为理想。AABP 模型最终经过了 7390 次迭代，迭代结束时损失函数为 0.7811。在 R 语言中，可通过 plot 函数将神经网络可视化，如图 3.4 所示。

模型的网络权值如表 3.4、表 3.5 所示。表 3.4 和表 3.5 中 N1、N2、N3 为隐藏层节点，共有 3 个节点。

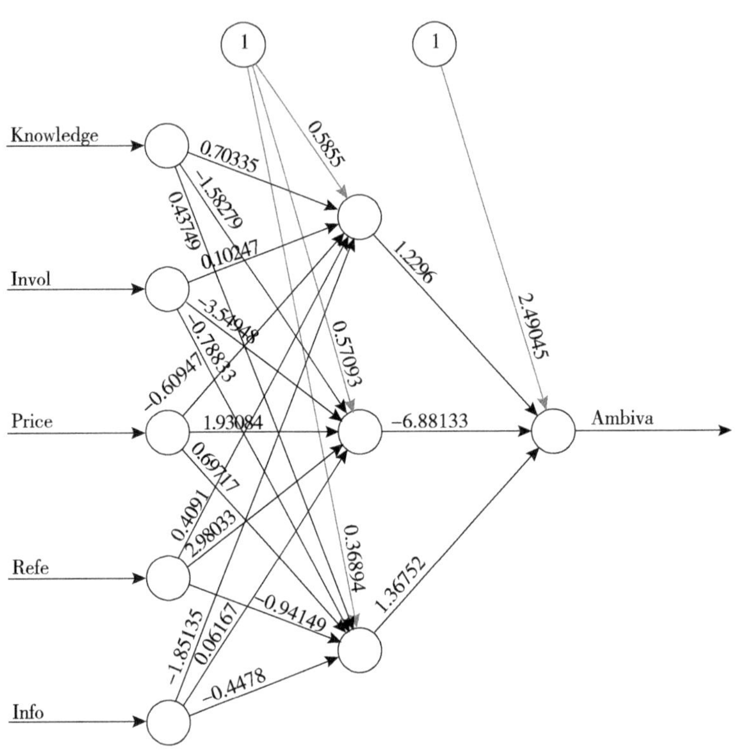

图 3.4　训练后的 AABP 模型拓扑网络图

表 3.4　输入层到隐藏层权值表

影响因素	隐藏层节点		
	N1	N2	N3
产品知识	0.7033	-1.5828	0.4575
产品涉入度	0.1025	-3.5495	-0.7883
价格敏感性	-0.6095	1.9308	0.6972
与参照群体的冲突	0.4091	2.9803	-0.9415
信息差异性	-1.8513	-0.0617	-0.4478

表 3.5　隐藏层到输出层权值表

结果	隐藏层		
	N1	N2	N3
矛盾态度强度	1.2296	-6.8813	1.3675

为了计算影响因素对因变量影响的相对强度与影响方向，本书选择Dombi等人（1995）提出的MIV方法作为评价自变量对因变量影响的重要性的衡量方法。MIV值符号“+”表示正相关，“-”表示负相关，绝对值大小代表自变量对因变量的影响程度。当神经网络训练结束后，首先将训练样本中的每一自变量在其原值的基础上分别增加和减小30%，构成两个新样本S1与S2，将S1与S2分别送入已经训练好的神经网络，得到两个新的仿真结果A1与A2，求A1与A2的差，即为IV（该自变量变动对因变量的影响值），然后将IV除以样本数得到自变量对因变量的MIV值。以此类推，可以求得每个自变量的MIV值。各影响因素对矛盾态度的影响强度如表3.6所示。

表3.6　矛盾态度影响因素的相对强度

影响因素	相对强度（MIV值）
信息差异性	0.2654
价格敏感性	0.1935
与参照群体的冲突	0.0872
产品涉入度	-0.2357
产品知识	0.0093

从表3.6中可以看到，价格敏感性、与参照群体的冲突以及信息差异性对消费者矛盾态度有正向影响，产品知识和产品涉入度对消费者矛盾态度有负向影响。在5个影响因素中，影响最强的因素是信息的差异性以及产品涉入度，价格敏感性的影响强度中等，与参照群体的冲突以及产品知识对消费者矛盾态度的影响最弱。

本书采用交叉验证的方法对神经网络模型和回归模型的预测精确度进行了比较。把样本平均分成4份，即每个子集包含72个样本。每当选择其中的一份样本作为测试集时，其余的样本作为训练集。根据模型的输出结果与测试样本的真实值比较，分别得到了两种模型的均值误差，即MSE值，如表3.7所示。

表3.7 神经网络模型与线性回归模型比较

次数	神经网络模型 MSE	线性回归模型 MSE
1	2.33E-04	6.09E-04
2	6.32E-05	2.23E-04
3	5.74E-05	2.65E-04
4	3.23E-05	3.42E-04

经过交叉验证发现，神经网络模型的MSE值小于线性回归模型的MSE值，说明AABP模型的预测准确率高于线性回归模型。

3.5 研究结论与讨论

本书依据矛盾态度理论，将影响消费者矛盾态度的因素分为两类：一类属于消费者个人内在因素，包括消费者对产品的知识、产品涉入度以及价格敏感性；另一类属于外在环境因素，包括与参照群体的冲突、信息差异性。通过建立AABP神经网络模型进行实证分析，分析结果证实了上述影响因素的作用。

通过实证分析，本书认为消费者的矛盾态度受个人特征的影响。首先，具有较高产品知识的消费者对产品有更高的认知水平，也意味着消费者对产品的熟悉度和专业认知度都相对较高，在做购买决策时表现得更加自信。本书的研究结果与王大海等人（2015）的研究结果一致，再次验证了消费者知识对矛盾态度强度的负向影响（相对强度-0.0893）。其次，产品的涉入度表明了消费者与产品之间的相关程度。对于产品涉入度对消费者矛盾态度的影响还存在争议，但本书发现具有较高涉入度的消费者其矛盾态度水平较低（相对强度-0.2357）。这是因为较高的涉入度通常伴随着较高的认知水平，消费者会更加积极主动搜寻与产品相关的知识，涉入度与专业知识相结合会进一步降低消费者的矛盾态度水平。而且，根据 MIV 值本书发现消费者产品涉入度对矛盾态度的影响相较于其他因素较强。最后，产品价格是消费者特别关注的产品属性，价格敏感性较高的消费者对价格差异的变化会格外关注。如果产品的价格变动超出了消费者的预期，则价格敏感性越高的消费者对产品的矛盾态度水平也就越高。本书发现价格敏感性对消费者矛盾态度的影响强度处于中等水平（相对强度 0.1935）。

人们在做出购买决定时，一般乐于听取别人的意见，以降低购买决策中的潜在风险，因此消费者的态度也受到一系列的社会因素的影响，本书将其归纳为消费者的外在环境因素。首先，消费者有效仿参照群体的倾向，参照群体对消费者的行为模式和生活方式都会产生影响，因此当参照群体的态度与消费者自身的态度不一致时，消费者就会产生矛盾态度（相对强度 0.0872）。其次，当消费者同时面对关于产品的正面和负面网络口碑信息，即有关产品信息的具有差异性的表述时，往往处于难以抉择的两难境地，也会产生较高的矛盾态度。本书发现信息的差异性对消费者矛盾态度的影响最大（相对强度 0.2654），这一发现也为后续章节中研究网络口碑的差异化对消费者的影响奠定了理论基础。

本章在实证阶段采用的是神经网络模型，该模型在处理数据之间的非线性关系方面预测准确率较高。本书最后使用交叉验证的方法比较了神经网络模型与传统线性回归的预测均值误差，结果证明神经网络模型预测消费者矛盾态度的准确率较高。

本书的研究结果对企业实践也具有一定的现实意义，主要体现在以下几点：

第一，鉴于消费者的产品涉入度对消费者矛盾态度影响较大，企业应特别重视高涉入度产品的营销手段，对产品进行大量的宣传，发布广告，提高消费者对产品的认知程度，增强消费者对购买高涉入度产品的兴趣和信心。

第二，对于对价格敏感的消费者，企业应重视对其进行产品功能与性能的介绍，努力减小价格差异给销售带来的负面影响。同时，应进一步做好产品的售后服务，加强与消费者的联系，以提高消费者对品牌的忠诚度。

第三，负面口碑的传播会增强消费者的负面态度，企业管理者应重视与产品有关的口碑信息，努力提高产品质量和客户满意度，鼓励消费者发表正面评价，使已购产品的客户对产品做出良好的口碑宣传，这有助于降低产品信息的差异性，进一步弱化消费者的矛盾态度，增强消费者的购买意愿。

3.6 本章小结

本章在已有研究的基础上，依据消费者矛盾态度理论，从个人内在因素和外在环境因素两方面探讨了消费者矛盾态度强度的主要影响因素。本章采用实验方法收集数据，通过构建基于 BP 神经网络的消费者矛盾态度影响因素模型 AABP 进行实证分析。研究结果表明，产品知识、产品涉入度、价格敏感性、与参照群体的冲突和信息差异性等对消费者矛盾态度的产生有影响，AABP 模型具有较高的准确度。本章的研究内容为消费者矛盾态度的量化分析提供了启示，也为后续的研究奠定了理论基础。

第4章 正面网络口碑对矛盾性消费者态度的影响路径分析

作为研究热点的矛盾态度（ambivalent attitude）已经从社会、心理、政治和文化等研究领域延伸到了微观消费情境中（Otnes、Lowrey 和 Shrum，1997）。在网络购物过程中由于时间和空间的限制，消费者矛盾态度十分普遍。面对种类繁多的在线商品，消费者由于无法接触或体验到实际商品，相比线下购买会产生更多的不确定性，进一步增强了消费者态度的矛盾性。在这种情形下，消费者需要更多的外界信息来弱化矛盾性，降低购后风险。网络口碑（electronic Word Of Mouth，简称 eWOM）就是消费者可以参考的一种外部信息，在消费者决策过程中有着举足轻重的作用。网络口碑作为对某种产品或服务的评价，因其能为消费者提供客观公正和值得信任的产品信息来源，充当着“销售助理”的角色，并成为企业越来越重视的具有潜在价值的销售资产。消费者面对的网络口碑大多数是关于商品或者服务的正面的评价，对网络口碑现有的研究发现口碑质量和口碑数量对消费者的态度和购买意愿会产生影响（Chevalier 和 Mayzlin，2006）。那么，正面网络口碑的这两种属性对不同矛盾程度消费者的影响是否相同？高矛盾性消费者和低矛盾性消费者关注的重点是什么？其矛盾态度如何变化？这些问题值得深入探讨。

本章以 Petty 和 Cacioppo（1986）提出的详尽可能性模型（Elaboration Likelihood Model，ELM）作为理论基础，该模型认为人们态度和行为的改变主要存在两条路径，即中心路径和边缘路径。不同矛盾程度的消费者在态度改变上的路径是否存在差异，哪条路径对其影响更强，目前还鲜有学者对这些问题进行过深入研究。消费者矛盾态度涉及心理学及消费行为学，对其的研究还处于起步阶段，只有少数学者关注在线评论的矛盾性及消费者对矛盾信息的处理（王大海、姚唐和姚飞，2015）。本章从矛盾态度的视角，探讨正面网络口碑对矛盾性消费者态度和决策的影响，以期完善网络环境中消费者的态度和行为研究，同时为企业营销人员合理地控制和弱化消费者的矛盾态度以及制订适当的营销方案提供理论支撑和依据。

4.1 模型构建与理论假设

双过程理论（Dual - Process Theory）经常被用来解释消费者心理和行为影响因素的作用机制。根据双过程理论，态度的形成不完全是因为主体对说服性信息的详尽处理，有时候是根据一些不需要过多处理的启发式线索。基于此，Petty（1986）等人提出了详尽可能性模型（ELM），该模型为揭示劝说效果提供了一个有效的理论框架。根据 ELM，态度的改变有两条路径，即中心路径和边缘路径。这两条路径的区别在于个体对传播信息做精细加工的可能性不同。当个体采取中心路径时，其在形成态度之前会仔细分析与问题相关的信息，在中心路径中，论据质量是态度改变最主要的决定因素。赖胜强和唐雪梅（2017）认为网络口碑的论据质量通过中心路径影响个体的决策。相反，当采用边缘路径时，个体不需要做过多认知上的处理，而是依赖诸如论据数量、总体评分、信息来源的专业性和评论者个人情况来形成态度。ELM 模型进一步指出，由于中心路径包含对相关论据的详尽思考，而通过边缘路径形成的态度改变与论据本身无太大的相关性，因此通过中心路径形成的态度更为持久并且可以预测行为。目前，关于矛盾态度如何对信息加工产生影响的研究还较缺乏（Maio，1996；江晓东，2013），对其具体过程和内在机制的研究不足并存在相反的结论。如有的研究认为，程度高的矛盾态度会导致较低的信息可接受性。正是这种低的信息可接受性，导致具有高程度矛盾态度的个体不容易对态度客体进行信息加工（Broemer，1998）。而 Maio 等人（1996）认为矛盾态度会使得个体对信息进行精细加工，这是因为矛盾态度会引起人的不舒服的感觉，对信息进行精细加工能够获得较为准确的对客体的评价，从而降低矛盾性程度。

本章研究的主要问题是不同矛盾程度的消费者在信息处理和态度改变上采取的路径是否相同。因此，本章首先研究正面网络口碑的评论质量和评论数量对消费者的态度和行为是否会产生影响；其次，根据矛盾强度的不同将消费者进行分组，研究不同矛盾强度的消费者在网络口碑的影响下，其态度的变化是否存在差异，即在中心路径和边缘路径下，高低矛盾性消费者态度是如何发生变化的；最终，为以往对矛盾态度的研究中存在的争议提出合理解释。研究框架如图 4.1 所示。

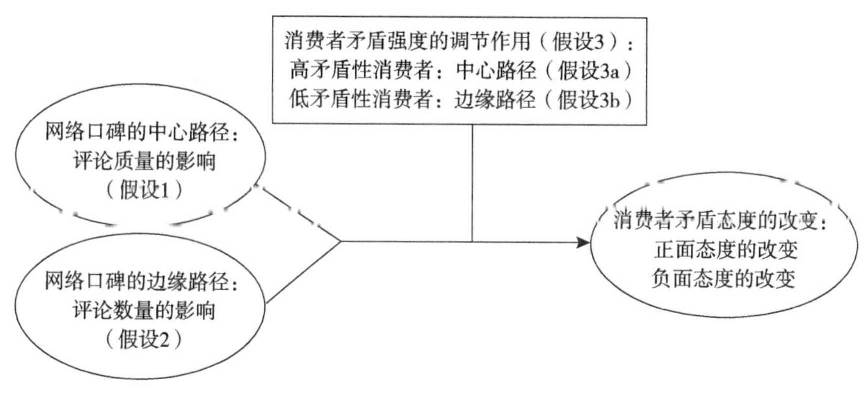

图 4.1　本章研究框架

4.1.1　评论质量和数量对消费者态度的影响

Liu（2006）发现 Yahoo 网站上的消费者评论对电影的票房收入有显著的影响。Clemons 等人（2006）分析了啤酒行业的数据，发现线上消费者评论对啤酒销量的增长也有显著的作用。Park 等人（2007）认为消费者满意度随着评论质量的提升而提升，购买意向也会随之提升。高质量的评论表现为可理解的、易懂的，与评价的事物具有相关性，并且反映的是客观现实，对态度的改变更有效。而低质量的评论信息一般会带有感情色彩，带有很强的主观性。可理解的并且有事实依据的对产品或者服务的评论比带有主观性和感情色彩的评论更具有说服力。由此，本书认为，同样是正面网络口碑，如果口碑质量高，消费者就会具有更强的正面态度。综上所述，提出如下假设。

假设1：正面网络口碑的论据质量越高，消费者对产品的正面态度就越高。

网络口碑不仅具有劝说效应，还具有知晓效应。Godes 和 Mayzlin（2004）提出，消费者讨论一个产品的次数越多，该产品就越有可能被其他的消费者所知晓，就会带来更大的产品销量。张敏和张哲（2015）认为网络口碑数量对消费者冲动性购买行为有正向影响。网络购物者由于不能直接接触产品或者服务，对产品的质量或者服务的优劣缺乏准确的判断和足够的信任，因此会利用其他因素形成自己的态度。网络口碑数量经常被消费者用来衡量产品受欢迎的程度，代表了产品的市场表现。评论的数量能够为消费者增强信心提供参考性依据，基于此，本书提出如下假设。

假设2：网络口碑的评论数量对消费者态度具有正向影响。

4.1.2 矛盾性消费者态度变化的差异

冯小亮、黄敏学和张音（2013）认为不同矛盾性程度的消费者在态度各维度上的改变存在差异，低矛盾性消费者的认知态度和意动态度容易受到外界口碑的影响，而情感态度的改变较难，高矛盾性消费者的情感态度容易受到影响，而认知态度和意动态度则相对较为稳定。方宇通（2014）则认为不同矛盾程度的消费者对逆向行为的反应程度不同，高矛盾性消费者相较于低矛盾性消费者更易受到顾客逆向行为和企业服务补救措施的影响。Petty 和 Wegener（1999）发现在高详尽可能性状态下，个体更愿意对信息进行深度加工，因此更可能受论据质量的影响；相反，在低的详尽可能性状态下，个体的态度受边缘路径影响，因而更有可能受到论据数量的影响。潘晓波和黄卫来（2015）认为高矛盾性个体相对于低矛盾性个体所需的信息量阈值更高，采取的是系统式处理方式。本书认为，高矛盾性消费者本身对产品在认知和情感上的冲突性较高，常常感到难以抉择，因此需要更多的外界信息消除其自身态度的矛盾性。高矛盾性消费者更容易受到说服性信息的影响，会对外界的评论信息做深度加工，因此说服性信息的质量是高矛盾性消费者改变态度的主要影响因素。低矛盾性消费者对产品在认知和情感上的矛盾性程度较低，没有减少矛盾或者调整对产品认知的动机，受说服性信息的影响较小，更会注意到边缘路径上的信息。因此，低矛盾性消费者在态度上的改变主要受到评论数量的影响。基于此，本书提出以下假设。

假设 3：在外界网络口碑信息的影响下，高矛盾性消费者和低矛盾性消费者态度改变的路径不同。

假设 3a：网络口碑的评论质量对高矛盾性消费者态度的改变有显著影响，即高矛盾性消费者主要沿着中心路径改变态度。

假设 3b：网络口碑的评论数量对低矛盾性消费者态度的改变有显著影响，即低矛盾性消费者主要沿着边缘路径改变态度。

4.2 研究设计

4.2.1 调查目标物及样本选择

本研究选择忽略了品牌标记的某 4G 手机作为调查目标物。4G 手机作为搜索型产品，消费者对其发表口碑评论信息的积极性较高（李宗伟和张艳辉，2013），而且消费者对该类商品较为熟悉，在选择该类商品时也比较注重商品的网络口碑。本次实验共邀请了某大学的226名本科生参与实验，因为大学生样本具有同质性，且该类人群经常进行网络购物，可以作为有效的研究样本。本次实验在实验室中进行，要求被试独立地完成相关问题的回答。实验采取书面问卷的形式，所有量表均使用7点Likert量表，最终收到有效问卷214份。

4.2.2 变量控制和预调研

实验中需要控制的一个变量是网络口碑的评论质量。一般来说，具有相关性、客观性、可理解性以及真实性等特征的产品评论被认为是高质量的评论，而带有感情色彩、主观性和空洞性词语的评论被认为是低质量的评论，这类评论仅是主观情绪的表达，没有说服力（例如“哇!”“太棒了!”等）。在实验之前，从亚马逊网站上搜集了30条关于4G手机的真实在线评论，经过加工，最终形成了15条正面网络口碑。通过预调研征集了30名在校大学生（这30名大学生不参加后续实验）对这15条正面网络口碑的说服力进行打分，评分范围为1～10分。最终选出4条得分最高的评论作为高质量的正面评论，4条得分最低的评论作为低质量的正面评论，表4.1中给出了具体例子。t检验结果表明，4条得分最高的评论（6.58、6.55、5.97、5.97）与4条得分最低的评论（3.61、4.67、4.82、4.91）在说服力水平上具有显著差异。因此在实验中为高论据质量组呈现的是上述4条得分高的评论，为低论据质量组呈现的是上述4条得分低的评论。

表4.1　不同评论质量对比

高质量评论	低质量评论
手机的确很好，特意用了一段时间才来评价，发热控制绝对一流，通话清晰，屏幕大，质量轻，自主操作系统很高端，触控流畅，屏幕分辨率不输苹果	哇！这款手机实在太棒了！比较了好几款，最后还是决定买它，真是没有让我失望

实验中需要控制的另一个变量是网络口碑的评论数量。为此，又邀请了 18 位在校大学生进行调查，这 18 人同样不参加后续的实验。通过面对面访谈得知，大多数人一般会阅读 5 ~ 6 条网络评论，因此本书认为 6 条评论数量是适中的，而仅有 1 条评论属于低评论数量，这与 Park 等人（2007）的研究结论是一致的。因此，本研究将 6 条评论作为高评论数量，1 条评论作为低评论数量。经过预调研者的测试和 t 检验，高评论数量与低评论数量之间的差异显著。

4.2.3 调查步骤

本书借鉴了以往学者的研究设计，采取的是前—后测实验方式。实验采用 2（矛盾性水平：高、低）×2（网络口碑的评论质量水平：高、低）×2（网络口碑的评论数量水平：高、低）的设计，调节变量是消费者的矛盾态度程度。

1. 第一阶段

借鉴 Thompson 等人（1995a）的实验方法，首先请被试阅读一条描述 4G 手机的图文信息，然后采用书面问卷的形式测量了被试对 4G 手机的正面态度和负面态度。实验过程中首先请被试仅从 4G 手机的正面特征考虑而忽略负面特征，给出其对 4G 手机的正面印象得分（“我会喜欢使用该手机”“购买该手机会感觉良好”）；而后请被试忽略 4G 手机的正面特征，仅考虑负面特征并给出其对 4G 手机的负面印象得分（“我不会喜欢使用该手机”“购买该手机会感觉不好”）。

在测量了被试对 4G 手机正面态度和负面态度的基础上，根据 Griffin 计算公式“矛盾态度 =（正面态度 + 负面态度）/2 - | 正面态度 - 负面态度 | + 2”计算出实验参与者的态度矛盾性程度，其中“ +2”是为了保证矛盾态度的数值不为负数。被试态度矛盾性的范围是从 0 到 9（M = 4.24，SD = 1.48），分值越高意味着态度矛盾性程度越大。根据 Priester 等人（1996）所做的研究，认为态度的矛盾性大于 4 的被试为高矛盾（HA）组，态度的

矛盾性小于等于4的被试为低矛盾（LA）组。高低矛盾组之间具有显著的差异［MHA=5.64，SD=0.72，MLA=2.70，SD=0.94，F（1，212）=476.09，p<0.001］，如表4.2。

表4.2 态度矛盾性程度分组

	高矛盾组（N=101）		低矛盾组（N=113）	
	均值（M）	标准差（SD）	均值（M）	标准差（SD）
矛盾性（AA）	5.64	0.72	2.70	0.94
正面态度（PA）	4.49	0.87	5.41	1.26
负面态度（NA）	3.92	0.64	2.27	0.91

资料来源：作者根据数据分析结果整理

2. 第二阶段

按照被试的矛盾态度先将被试分成两大组，即高矛盾组和低矛盾组。根据将要实施的不同程度的实验刺激，即不同网络口碑的评论质量和不同网络口碑的评论数量，确定了第二阶段的8组被试，即高评论质量高矛盾态度组、高评论质量低矛盾态度组、低评论质量高矛盾态度组、低评论质量低矛盾态度组、高评论数量高矛盾态度组、高评论数量低矛盾态度组、低评论数量高矛盾态度组、低评论数量低矛盾态度组。向每组分别展示相应的网络口碑的评论质量和评论数量信息，随后再次测试被试的正面态度和负面态度，计算出被试的矛盾态度数值，与第一阶段的数值进行对比分析。

4.3 研究结果

4.3.1 操纵性检验

对于实验获得的数据，采用统计分析软件SPSS19.0进行处理。通过t检验发现被试对不同水平的网络口碑评论质量的感知存在着显著性差异（$M_{HAQ}=5.39$，$M_{LAQ}=2.49$，$t=19.56$，$p<0.001$），对不同网络口碑评论数

量的感知也存在着显著性差异（$M_{HQ}=6.12$，$M_{LQ}=2.34$，$t=20.36$，$p<0.001$），这证明本实验对变量的操纵是成功的。

4.3.2 假设检验

实验结果如表 4.3、表 4.4 所示。通过对被试阅读网络口碑的前后状况进行对比，发现消费者的正面态度、负面态度以及矛盾态度发生了明显的变化，这意味着网络口碑的评论质量与评论数量对消费者的态度产生了影响。

表 4.3　评论质量对被试的正面、负面态度和态度矛盾性改变的影响

	高评论质量（HAQ）					
	高矛盾 HA（N=31）			低矛盾 LA（N=22）		
	M 后	M 前	改变值	M 后	M 前	改变值
矛盾性（AA）	4.63	5.69	-1.06***	3.46	3.74	-0.28*
正面态度（PA）	5.82	5.32	0.50**	5.60	5.55	0.05
负面态度（NA）	3.75	4.23	-0.48*	2.10	2.12	-0.02
	低评论质量（LAQ）					
	高矛盾 HA（N=23）			低矛盾 LA（N=26）		
	M 后	M 前	改变值	M 后	M 前	改变值
矛盾性（AA）	5.28	5.37	-0.09	2.35	2.43	-0.08
正面态度（PA）	5.31	5.29	0.02	5.68	5.64	0.04
负面态度（NA）	4.03	4.01	0.02	2.88	3.94	-0.06

注：* $p<0.05$，** $p<0.01$，*** $p<0.001$。

表 4.4　评论数量对被试的正面、负面态度和态度矛盾性改变的影响

	高评论数量（HQ）					
	高矛盾 HA（N=24）			低矛盾 LA（N=34）		
	M 后	M 前	改变值	M 后	M 前	改变值
矛盾性（AA）	4.48	4.52	-0.04	3.44	3.46	-0.02
正面态度（PA）	5.82	5.72	0.10	5.61	5.47	0.14*
负面态度（NA）	3.75	3.93	-0.18*	3.22	3.26	-0.04

续表

	低评论数量（LQ）					
	高矛盾 HA（N=23）			低矛盾 LA（N=31）		
	M 后	M 前	改变值	M 后	M 前	改变值
矛盾性（AA）	5.65	5.67	-0.02	3.28	2.52	0.76**
正面态度（PA）	5.21	5.29	-0.08	5.67	6.83	-1.16***
负面态度（NA）	4.13	4.21	-0.08	3.01	2.38	0.63**

注：* $p<0.05$，** $p<0.01$，*** $p<0.001$。

1. 评论数量与评论质量对消费者态度的影响

首先，检验网络口碑的评论质量对于消费者矛盾态度的影响。利用单因素方差分析，高评论质量组，被试的矛盾态度变化均值为-0.93；低评论质量组，被试矛盾态度变化的均值为-0.12。消费者矛盾态度的变化在高、低论据质量组间差异显著（$F=11.339$，$p=0.001$），且两组的变化均为正面态度增加，负面态度减少，这说明正面网络口碑的论据质量对消费者态度具有显著的主效应，因此假设1成立。

其次，检验网络口碑的评论数量对于消费者矛盾态度的影响。同样利用单因素方差分析，高评论数量组，消费者矛盾态度变化均值为0.05；低评论数量组，消费者矛盾态度变化均值为0.53。消费者矛盾态度的变化在高低评论数量组间差距显著（$F=10.367$，$p=0.002$），且表现为评论数量增加提升了被试的正面态度，降低了被试的负面态度，这说明网络口碑的评论数量对于消费者态度具有显著的主效应，因此假设2也得到了验证。

2. 矛盾性消费者态度改变的差异性分析

接下来分析消费者矛盾态度的调节作用。在测试的第二阶段，将被试随机分成8组，比较正面网络口碑的评论质量和评论数量对高低矛盾性消费者态度变化的影响有何差异，即不同路径对高低矛盾性消费者态度的影响。实验采用配对样本t检验的方法验证同一对象经过处理后的前后状态比较。

配对样本t检验的公式如下：

$$t=\frac{\overline{d}-(\mu_1-\mu_2)}{s_d/\sqrt{n}} \tag{4.1}$$

其中，$(\mu_1-\mu_2)$ 为两个总体均值之差，$\overline{d}$为配对差值的平均数，s_d 为配对差值的标准差。SPSS将自动计算t值，该统计量服从n－1个自由度的t分布。

（1）高矛盾性消费者矛盾态度的影响因素分析

从表4.3中可以发现，受评论质量的影响，在低评论质量下，高矛盾性被试的正面态度［$M_{PA后-PA前}=0.02$，$t(22)=0.23$，n.s.］和负面态度［$M_{NA后-NA前}=0.02$，$t(22)=0.21$，n.s.］以及矛盾态度［$M_{AA后}-M_{AA前}=-0.09$，$t(22)=0.34$，n.s.］均无显著性变化。但随着评论质量的上升，高矛盾性被试正面态度增强并且是显著增强［$M_{PA后-PA前}=0.5$，$t(30)=2.78$，$p=0.003<0.01$］，负面态度降低并且是显著降低［$M_{NA后-NA前}=-0.48$，$t(30)=3.56$，$p=0.02<0.05$］，高矛盾性被试的矛盾态度显著降低［$M_{AA后}-M_{AA前}=-1.06$，$t(30)=3.87$，$p=0.000<0.001$］。这说明，网络口碑的评论质量对高矛盾性消费者有显著影响。

根据表4.4进一步分析，在高评论数量下，高矛盾性被试的负面态度水平显著降低［$M_{NA后}-M_{NA前}=-0.18$，$t(23)=3.78$，$p=0.03<0.05$］，而正面态度［$M_{PA后}-M_{PA前}=0.10$，$t(23)=0.54$，n.s.］和矛盾态度［$M_{AA后}-M_{AA前}=-0.04$，$t(23)=0.15$，n.s.］变化不明显。在低评论数量下，高矛盾性被试的正面态度［$M_{PA后}-M_{PA前}=-0.08$，$t(22)=0.54$，n.s.］、负面态度［$M_{NA后}-M_{NA前}=-0.08$，$t(22)=0.54$，n.s.］和矛盾态度［$M_{AA后}-M_{AA前}=-0.02$，$t(22)=0.11$，n.s.］都没有显著变化。这说明对于高矛盾性消费者来说，其态度的改变不受网络口碑的评论数量的影响。因此，本书认为高矛盾性消费者主要沿着中心路径改变自身的态度，即网络口碑的评论质量对其态度的改变影响较大，如图4.2所示。因此假设3a

得到了数据的支持。

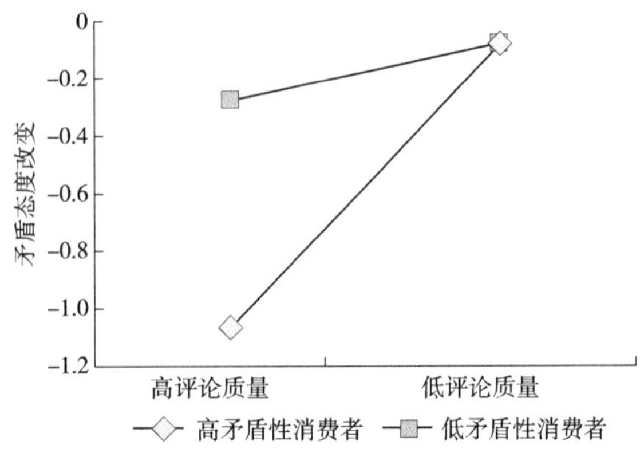

图 4.2　评论质量影响下矛盾态度的改变

（2）低矛盾性消费者矛盾态度的影响因素分析

同样通过配对样本 t 检验发现，在高评论数量下（表 4.4），低矛盾性消费者只有正面态度变化明显 [$M_{PA后} - M_{PA前} = 0.14$，$t(33) = 2.25$，$p = 0.02 < 0.05$]，而负面态度 [$M_{NA后} - M_{NA前} = -0.04$，$t(33) = 0.25$，n. s.] 和矛盾态度 [$M_{AA后} - M_{AA前} = -0.02$，$t(33) = 0.15$，n. s.] 变化不显著。随着评论数量的下降，低矛盾性被试的态度发生了显著的变化，正面态度下降 [$M_{PA后} - M_{PA前} = -1.16$，$t(30) = 3.78$，$p = 0.000 < 0.001$]，负面态度上升 [$M_{NA后-NA前} = 0.63$，$t(30) = 3.23$，$p = 0.003 < 0.01$]，矛盾态度上升 [$M_{AA后} - M_{AA前} = 0.76$，$t(30) = 3.45$，$p = 0.002 < 0.01$]。这说明网络口碑的评论数量对低矛盾性消费者有显著影响。

进一步分析网络口碑的评论质量对低矛盾性消费者的影响（如表 4.3 所示）。在高评论质量下，低矛盾性被试的矛盾态度变化显著 [$M_{AA后} - M_{AA前} = -0.28$，$t(21) = 2.67$，$p = 0.03 < 0.05$]，但正面态度 [$M_{PA后} - M_{PA前} = 0.05$，$t(21) = 0.16$，n. s.] 和负面态度 [$M_{NA后-NA前} = -0.02$，$t(21) = 0.11$，n. s.] 变化均不显著。在低评论质量下，低矛盾性被试的正面态度 [$M_{PA后} - M_{PA前} = 0.04$，$t(25) = 0.15$，n. s.]、负面态度

[$M_{NA后-NA前}=-0.06$，$t(25)=0.17$，n. s.] 和矛盾态度 [$M_{AA后}-M_{AA前}=-0.08$，$t(25)=0.23$，n. s.] 变化均不显著。这说明网络口碑的评论质量对低矛盾性消费者态度的变化没有显著的影响。因此，本书认为低矛盾性消费者态度的改变主要沿边缘路径发生，即网络口碑的评论数量对其有显著的影响（如图 4.3 所示）。假设 3b 得到了验证。

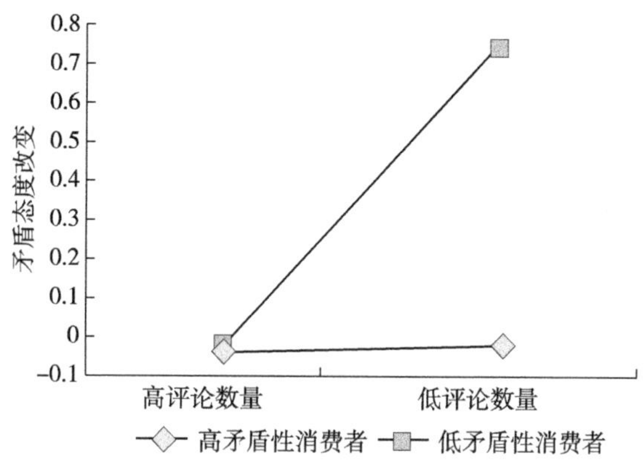

图 4.3　评论数量影响下矛盾态度的改变

4.4　研究结论与讨论

最新的关于态度的研究指出态度不是一元的，而是呈现出二元化结构，这为消费者矛盾态度的研究提供了理论基础。同时，网络口碑已经成为现代社会中一种重要的信息交流渠道，众多的国内外学者也对网络口碑对产品销售的影响进行了广泛的研究，很多企业已经将对网络口碑的管理融合进了营销战略。本章借助矛盾态度理论和 ELM 理论，探讨正面网络口碑对矛盾性消费者态度的影响，目的就是揭示矛盾性消费者对网络口碑信息处理的机制。通过实验研究，可以得出以下几个结论：

第一，正面网络口碑的评论质量对消费者态度具有正向作用。高质量的网络口碑包含对事实的说明，充分体现了事物的客观性，因此更具说服性。而低质量的网络口碑具有感情色彩，往往是主观的。同样都是正面评论，评论质量越高，消费者对商品的正面态度也越高，消费者矛盾态度的强度随之降低，购买意愿增强。

第二，网络口碑的评论数量对消费者态度具有正向作用。一方面，评论数量越多，代表着产品卖得越多，说明产品是受欢迎的；另一方面，评论数量越多，越能降低消费者的购后风险，消费者能够为自己的购买决定找到合理化的解释，即“那么多人都买了这个产品，我买也不会出问题的”。因此消费者的正面态度会随着评论数量的增多而上升，购买意愿会增强。

第三，较高水平的矛盾态度会引起消费者的不舒服的体验，对信息的精细加工能够使消费者得到更为明确的正面或者负面评价信息，从而降低这种不适感。因此，高矛盾性消费者会对网络口碑信息做较为系统的加工，其矛盾态度的改变更多地受网络口碑评论质量的影响，也就是说高矛盾性消费者主要沿着中心路径改变自身态度。这一发现将 ELM 理论扩展到在线矛盾性消费者相关领域的研究中。

第四，低矛盾性消费者由于其本身在认知和情感上的冲突较低，缺乏弱化矛盾态度的动机，没有对信息做精细加工的倾向，因此会倾向于沿着边缘路径形成态度，也就是说他们更容易受网络口碑评论数量的影响。

第五，本研究将 ELM 理论由线下扩展到了线上环境，探讨了网络口碑这一新的营销工具对消费者矛盾态度的影响机制。结果显示传统理论能够很好地解释网络消费者行为。ELM 模型为研究者提供了研究网络消费者态度改变方式的有效途径。

由于不同矛盾性程度的消费者信息处理的方式不同，企业销售人员应针对不同的消费者采取不同的营销策略。从中心路径的视角，企业应该认真考虑如何正确匹配矛盾性消费者和评论内容，发挥用户评论的信息功能。例如，鼓励消费者按照设计好的标准格式来发表他们的评论以保证评论的质量，增加说服性信息，从产品的使用性能、产品质量和售后服务等方面进行正面评价，最大限度地弱化消费者的矛盾心理。此外，商家可以对评论信息采取按照评论质量而不是按照评论日期排序的方式，以满足高矛盾性消费者对高质量评论信息的需求。

从边缘路径的视角，评论数量越高意味着产品越能被大众知晓。因此，为了发挥用户评论的推荐功能，企业应该鼓励消费者尽可能多地发表评论，提高产品的评论数量，影响低矛盾性消费者的态度。例如，开发友好的用户评价界面，简化发表评论的过程，采取诸如抽奖等鼓励的方式增强在线消费者发表评论的意愿。此外，在用户评论页面增加关于评论数量和评论总体情况的总结性信息，以便消费者预测产品的流行度，降低预期购后风险，这对低矛盾性消费者最为有效。

4.5 本章小结

本章从消费者态度矛盾性的视角，依据ELM理论模型研究了消费者自身矛盾态度与网络口碑之间的交互机制。本章采用的是两阶段的实验研究，研究结果发现消费者态度的矛盾性程度稳健地调节着消费者对外界信息的处理。具体来说，网络口碑的评论质量和评论数量对消费者态度的改变具有显著影响；高矛盾性消费者受评论质量的影响较为显著，即高矛盾性消费者主要沿着中心路径改变态度；低矛盾性消费者受评论数量的影响较为显著，即低矛盾性消费者主要沿着边缘路径改变态度。本章主要研究的是正面网络口碑对矛盾性消费者态度的影响机制，下一章将探讨负面网络口碑对消费者态度和行为意向的影响。

第5章　负面网络口碑对矛盾性消费者购买意愿的影响

提升消费者的购买意愿一直是企业努力追求的目标。随着互联网的快速增长，商品的网络口碑信息对消费者的购买意愿和行为方式产生越来越重要的影响。网络口碑影响着消费者的购买决定，人们经常基于线上信息做出线下决策。例如，根据其他消费者的评论决定去看哪部电影甚至是选择哪只股票。根据网络口碑的情感极性，通常将其分为正面口碑和负面口碑，也即评论偏向。有研究指出，虽然从数量上来说正面口碑所占比重较大，但负面口碑更容易对消费者的态度和行为产生影响（Chevalier 和 Mayzlin，2006）。

以往研究者从网络口碑的数量和质量等评论特性的角度研究负面网络口碑对消费者购买意愿的影响，或者从涉入度、信任度等消费者个体角度进行研究（陆海霞、吴小丁和苏立勋，2014），较少有研究从消费者心理尤其是矛盾心理的视角研究负面网络口碑的影响。根据消费者态度理论，消费者对特定对象的态度既有正面态度，又有负面态度，即态度具有二维性。当对一个事物的积极评价和消极评价达到一定程度时，消费者的矛盾态度（Ambivalent Attitude）就会产生（Priester 和 Petty，1996）。当出现关于商品的负面口碑时，不同矛盾程度的消费者的购买意愿如何受到影响？负面网络口碑的质量会对具有矛盾心理的消费者产生怎样的影响？企业或商家对负面网络口碑实施补救措施后，消费者的购买意愿又会有怎样的变化？产生这些变化的原因是什么？现有文献对这些问题的研究不足，本章试图在这些方面进行深入探讨。

本章根据矛盾态度理论分析了不同评论质量的负面网络口碑和商家的补救措施如何影响矛盾性消费者的购买意愿，解释了这一影响机制的主要原因，进一步丰富了网络环境下消费者的行为研究。

5.1 模型构建与理论假设

心理学领域在对消费者印象形成（Impression Formation）的研究中发现，在比较正面信息和负面信息的作用时，消费者对负面信息会更加留意并赋予更高的权重，这种倾向称为负面偏好（Negativity Bias）（Skowronski 和 Carlston，1989）。虽然从数量上来看，正面口碑的数量要远远大于负面口碑的数量，但占小部分的负面口碑由于其更具有针对性和说明性，使人们觉得更可信（Cui、Lui 和 Guo，2012）。从心理学的角度来说，人们认为负面评论是非常规的，负面消息对人们的心理唤醒、注意、情绪、评价、归因以及社会行动等造成的刺激都要强于正面信息（李宏、喻葵和夏景波，2011）。有关消费者信息搜索的研究显示，在一定的时间限制下，消费者往往会将注意力集中在负面信息上，这是因为负面信息对网络口碑的接收者来说更有价值和诊断力（潘晓波和黄卫来，2015；Duan、Gu 和 Whinston，2008a）。

在电子商务环境下，一旦商家发生服务失误，顾客一般会对产品或者服务进行抱怨和发布差评，产生消极的网络口碑传播效应。服务失误不仅会损害企业形象，还会降低顾客对产品的信心和满意度，不利于顾客的争取和维护。服务补救是指在向服务对象提供服务的过程中，服务提供商对服务失误所采取的诸如道歉、赔偿等措施（克里斯廷·格罗鲁斯，2002）。服务补救的措施包括解释、沟通、制度、反馈和赔偿五个维度（常亚平、姚慧平和韩丹等，2009）。对于网上零售业来说，补偿、快速回应、道歉这三种服务补救策略配合使用能达到最佳的效果（阎俊、胡少龙和常亚平，

2013)。本章实证研究中的服务补救措施包括：对差评进行解释、回复和赠送小礼物。

本章试图构建一个系统理论框架来探讨负面网络口碑如何影响消费者的购买意愿，其背后的原因是什么。首先分析在网络购物环境中，当出现不同评论质量的负面网络口碑时，矛盾程度不同的消费者购买意愿如何变化；接下来分析当商家采取回复和补救措施后，消费者的购买意愿又会发生怎样的变化；最后进一步探讨了这些变化背后的原因。本章研究框架如图 5. 1 所示。

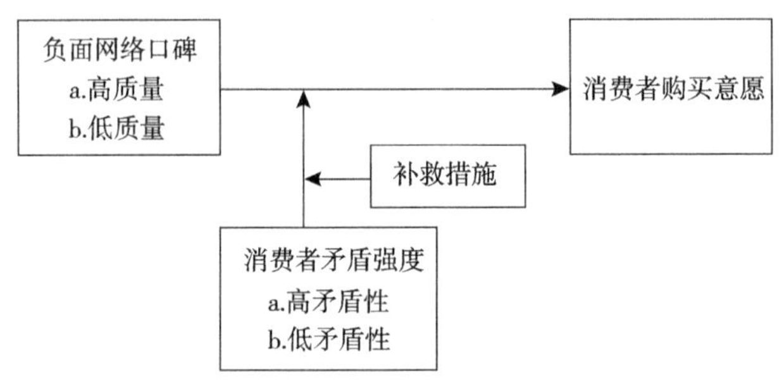

图 5. 1　本章研究框架

5. 1. 1　负面网络口碑质量与消费者购买意愿

现有文献发现消费者满意度随着评论质量的提升而提升，其购买意向也会随之增强（Bee 和 Madrigal，2013）。消费者积累性评价既影响网店形象，也影响着潜在消费者的行为（宋思根、王平和徐伟，2016）。宋小兵、丛竹和董大海（2011）认为高质量的论据具有逻辑清晰、组织严密和具有依据的特点，可理解的并且有事实依据的网络口碑比带有主观性和情感色彩的口碑更具有说服力，更有利于信息接收者对事物做出正确的判断。本书第 3 章也通过实证研究发现高质量的网络口碑能够显著影响消费者态度，从而影响消费者的购买决策。

消费者矛盾态度也会对消费者的行为产生影响。Bee 和 Madrigal

（2013）认为消费者矛盾心理在其态度和意向之间起反向调节作用，导致消费者态度和意向产生不一致性。高海霞、孙素芳和张敏（2016a）认为负面网络口碑对矛盾程度不同的消费者作用不同，高矛盾性消费者更容易发生品牌转换行为。这是因为高矛盾性消费者有强烈的降低矛盾程度的动机，信息越具有说服力，对其的影响就越大。本书认为，当存在高质量的负面信息时，高矛盾性消费者会降低对产品的感知和评价等级，从而降低购买意愿。但当负面网络口碑质量较低时，由于没有亲态度信息，其对此并不敏感。对低矛盾性消费者来说，由于其本身矛盾程度较低，没有强烈的弱化矛盾态度的动机，因此会更注重负面口碑信息，即反态度信息。也就是说，无论负面网络口碑的质量如何，低矛盾性消费者都会降低对产品的购买意愿。基于此，提出假设 1。

假设 1：负面网络口碑的评论质量对不同矛盾态度程度的消费者影响不同。

假设 1a：当负面网络口碑质量较高时，两类消费者购买意愿都显著下降，但高矛盾性消费者购买意愿更低。

假设 1b：当负面网络口碑质量较低时，高矛盾性消费者的购买意愿变化不显著，而低矛盾性消费者的购买意愿显著降低。

当存在服务失误或者服务失败时，服务企业一般会对消费者采取各种服务补救措施，以达到提高客户满意度的目的。服务企业常常采用的补救形式包括实物赔偿和精神赔偿，如退款、打折、赠送小礼物以及道歉等。客户在网络上发表负面口碑信息，说明商家存在服务失误的情况，商家就会采取一定的补救措施。商家采取的服务补救是一种正面信息的传达，对于高矛盾性消费者而言，其更容易接受正面信息，受正面信息的影响较大；对低矛盾性消费者来说，正面信息对其影响并不显著。因此，提出假设 2。

假设 2：服务补救措施能够提升高矛盾性消费者的购买意愿，而对低矛盾性消费者来说作用不显著，即其购买意愿无显著变化。

5.1.2 消费者购买意愿变化的原因分析

消费者在不同情境下购买意愿变化具有差异，主要是因为其对企业正面、负面态度的不同导致矛盾态度的差异。不论消费者矛盾态度的强度如何，必有一方态度成为其主导态度。若消费者主导态度为正面态度，则其购买意愿较强，如果主导态度为负面态度，则购买意愿较弱。由于高矛盾性消费者矛盾程度较高，当有负面网络口碑出现而企业未采取任何措施时，消费者的情感及认知态度必然会受到负向影响，其主导态度发生改变，从而降低购买意愿。低矛盾性消费者本身负面态度较弱，不论评价信息本身质量如何，当其认为评价信息来源可靠，即可信性较高时也会改变自身对产品和服务的态度（冯小亮、黄敏学和张音，2013）。基于上述分析，提出假设3。

假设3：负面口碑对高低矛盾性消费者购买意愿影响的不同是由于消费者主导态度的变化不同。

假设3a：负面网络口碑质量较高时，高矛盾性消费者的负面态度成为主导态度，低矛盾性消费者的矛盾态度上升，但其主导态度还是正面的。

假设3b：负面网络口碑质量较低时，高矛盾性消费者矛盾态度无显著变化，低矛盾性消费者矛盾态度上升，高低矛盾性消费者仍以正面态度为主。

出现负面口碑之后，商家对客户进行的回复和补救措施本质上是一种正面信息，说明商家认识到服务上的缺陷，愿意通过补救的方式提高顾客的满意度。当高质量负面网络口碑与商家的回复同时存在时，高质量的回复会作为主导信息参与消费者的信息处理过程（郑春东、郭伟倩和王寒，2015）。商家针对负面网络口碑的有效回复能够弱化评论对消费者的影响，使其主导态度发生变化。高矛盾性消费者在说服性信息的影响下强化了其积极的认知和情感反应，提升了正面态度，弱化了矛盾态度，购买意愿上升。而低矛盾性消费者没有显著降低矛盾程度的动机，受正面信息的影响较小，其矛盾态度和购买意愿变化均不显著。基于此，提出假设 4。

假设 4：商家针对负面网络口碑进行回复和补救后，高矛盾性消费者的矛盾态度减弱，低矛盾性消费者则无显著变化。

5.2 研究设计

本章仍然采用实验方法收集数据。实验过程中分别测量了在受到负面网络口碑刺激前后以及接受商家服务补救前后，消费者的购买意愿和矛盾态度的改变情况，研究了购买意愿在不同情况下的变化并解释其背后的原因。实验采取 2（负面网络口碑质量：高 VS 低）×2（矛盾态度：高 VS 低）×2（补救措施：补救前 VS 补救后）的设计。

5.2.1 调查目标物及样本选择

本研究选择大众点评网上的某一餐厅作为调查目标，这家餐厅的菜品、环境和服务在当地具有良好的口碑。选择该餐厅的理由是：①该餐厅被当地消费者所熟悉和认可，具有很大的忠诚的顾客群体；②大众点评网上有关于该餐厅的详细介绍以及较多的网络口碑信息；③餐厅属于服务行业，客户在选择时比较注重口碑效应。

本次实验共邀请了在该餐厅有过就餐经历的某大学 226 名本科生参与，大学生样本具有同质性，可以作为有效的研究样本。实验采取书面问卷的形式，所有量表均使用 7 点 Likert 量表，最终收到有效问卷 214 份。

5.2.2 变量控制和预调研

实验中需要控制的一个变量是负面网络口碑质量。实验之前，从大众点评网上搜集了一条高质量的负面网络口碑和一条低质量的负面网络口碑。通过预调研征集了 30 名在校大学生（不参加后续实验）对这两条网络评论的说服力进行打分，评分范围为1～10分。t检验结果表明，这两条评论在说服力水平上具有显著差异。有关补救措施的实验刺激是“对发布差评的消费者进行了回复、解释和赠送小礼品”。

5.2.3 矛盾态度和购买意愿的测量

实验中先请参与者不考虑餐厅的负面特征而仅考虑正面特征，给出其对餐厅的正面得分，题项为“我认为该餐厅的菜品和服务令人满意”“到该餐厅就餐会感觉良好”；接下来请实验参与者不考虑餐厅的正面特征而仅考虑负面特征，给出其对餐厅的负面得分，题项为“我觉得该餐厅的菜品和服务令人不满意”“到该餐厅就餐会感觉不好”。随后，采用Griffin公式获得了被试对该餐厅的矛盾态度水平。根据测量结果将被试分为高矛盾组和低矛盾组（态度矛盾性大于4的被试为高矛盾组，反之为低矛盾组）。有关购买意愿的题项为“我愿意光顾该餐厅”和“我选择该餐厅就餐的可能性比较大”。

5.2.4 实验过程

本次实验同样是在实验室中进行。实验过程中首先请实验参与者阅读了一条关于该餐厅的图文信息，然后测量了被试：①正面态度、负面态度；②购买意愿（此时为第一次测量）。实验过程中所有被试均独立回答了相关的问题。然后，根据公式计算被试的矛盾态度，将高低矛盾被试平均分为两组，按照实验刺激的不同最终形成了四组被试（高差评质量高矛盾态度组、高差评质量低矛盾态度组、低差评质量高矛盾态度组、低差评质量低矛盾态度组），每组被试均不少于40人。

其次，实施不同的实验刺激，向其中两组（高差评质量高矛盾态度组、高差评质量低矛盾态度组）展示高质量的负面网络口碑，向另两组（低差评质量高矛盾态度组、低差评质量低矛盾态度组）展示低质量的负面网络口碑。而后测试了被试：①对负面网络口碑质量的感知；②正面态度、负面态度；③购买意愿（此时为第二次测量）。

最后，向所有被试说明，该餐厅对负面网络口碑进行了回复和解释，并向发表负面口碑的消费者赠送了小礼品，而后测量了被试：①正面态度、负面态度；②购买意愿（此时为第三次测量）。

5.3 研究结果

5.3.1 操纵性检验

采用统计软件SPSS19.0对获得的数据进行处理。通过t检验发现，针对高低质量的负面网络口碑，实验参与者的感知存在显著差异（$M_{高质量}=6.07$，$M_{低质量}=3.27$，$t=20.56$，$p<0.001$）。此外，实验已经根据矛盾程度的高低将被试分为高矛盾组和低矛盾组，高低矛盾性被试的矛盾态度存在显著差异［$M_{高矛盾}=5.51$，$SD=0.72$，$M_{低矛盾}=2.19$，$SD=0.94$，$F(1, 212)=476.09$，$p<0.001$］。本实验的操纵是成功的。

5.3.2 消费者购买意愿的变化

实验刺激前，四组被试购买意愿无显著差异［$F(3, 210)=16.02$，n.s.］。给予高质量负面网络口碑刺激时，如表5.1所示，无论是高矛盾者还是低矛盾者，其购买意愿均显著降低（高矛盾者：$M_{前}=5.67$，$M_{后}=3.47$，$t=7.83$，$df=59$，$p<0.001$；低矛盾者：$M_{前}=5.76$，$M_{后}=4.32$，$t=4.5$，$df=44$，$p<0.001$）。但是，高矛盾者购买意愿降幅更大，因此假设1a得到验证，即当负面网络口碑质量较高时，高低矛盾者购买意愿都显著下降，但高矛盾者购买意愿更低。当给予低质量负面网络口碑刺激时，高矛盾被试购买意愿无明显变化（$M_{前}=5.62$，$M_{后}=5.61$，$t=0.23$，$df=61$，n.s.），

而低矛盾被试购买意愿显著降低（$M_{前}=5.74$，$M_{后}=4.97$，$t=3.38$，$df=46$，$p<0.01$），假设1b得到支持，即当负面网络口碑质量较低时，高矛盾者的购买意愿变化不显著，而低矛盾者的购买意愿显著降低。

表5.1　负面网络口碑质量及补救措施对被试购买意愿的影响

	高质量的负面网络口碑			
	高矛盾者（N=60）		低矛盾者（N=45）	
	购买意愿	改变值	购买意愿	改变值
实验刺激前	5.67	0	5.76	0
实验刺激后	3.47	-2.20***	4.32	-1.44***
补救措施后	4.67	1.20***	4.34	0.02
	低质量的负面网络口碑			
	高矛盾者（N=62）		低矛盾者（N=47）	
	购买意愿	改变值	购买意愿	改变值
实验刺激前	5.62	0	5.74	0
实验刺激后	5.61	-0.01	4.97	-0.77**
补救措施后	5.78	0.17*	5.00	0.03

注：* $p<0.05$，** $p<0.01$，*** $p<0.001$。

如表5.1所示，当商家采取补救措施后，高评论质量高矛盾态度组购买意愿显著上升（$M_{前}=3.47$，$M_{后}=4.67$，$t=7.83$，$df=59$，$p<0.001$），高评论质量低矛盾态度组变化不显著（$M_{前}=4.32$，$M_{后}=4.34$，$t=0.53$，$df=44$，n. s.）。同样，低评论质量高矛盾态度组购买意愿显著上升（$M_{前}=5.61$，$M_{后}=5.78$，$t=4.23$，$df=61$，$p<0.05$），低评论质量低矛盾态度组仍无显著变化（$M_{前}=4.97$，$M_{后}=5.00$，$t=0.38$，$df=46$，n. s.）。假设2得到支持，即服务补救措施能够显著提升高矛盾者的购买意愿，而对低矛盾者来说作用不显著，其购买意愿无显著变化。

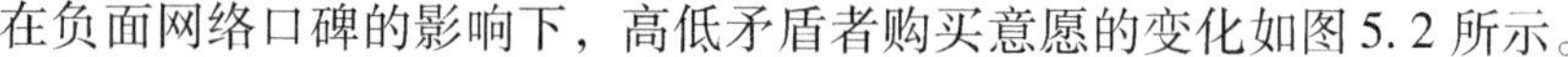
在负面网络口碑的影响下，高低矛盾者购买意愿的变化如图 5.2 所示。

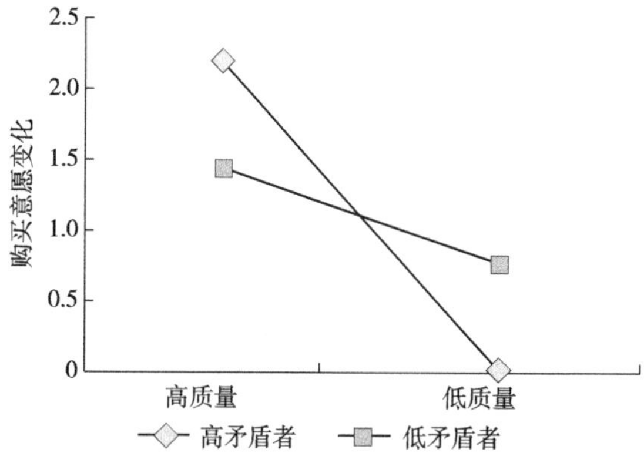

图 5.2　评论质量影响下高低矛盾者购买意愿的变化

补救措施后高低矛盾者购买意愿的变化如图 5.3 所示。

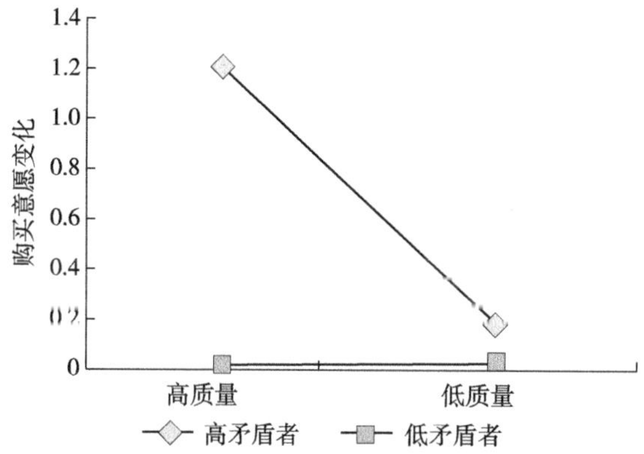

图 5.3　补救措施后高低矛盾者购买意愿的变化

5.3.3　消费者矛盾态度的变化

针对不同质量的负面网络口碑，高低矛盾被试为何会呈现出购买意愿改变上的不同呢？通过表 5.2 可以发现，这是因为被试正面和负面态度变化上的不同，使被试在矛盾态度的变化上产生差异，进而导致被试的购买意愿变化的不同。

表 5.2　负面网络口碑质量及补救措施对被试正负面态度的影响

	高质量的负面网络口碑					
	高矛盾者（N=60）			低矛盾者（N=45）		
	正面态度	负面态度	矛盾态度	正面态度	负面态度	矛盾态度
实验刺激前	4.98	4.26	4.66	6.06	3.45	2.12
实验刺激后	4.68*	5.02***	5.22**	5.54**	3.85*	2.85**
补救措施后	4.96*	4.15***	4.86*	5.56	3.81	2.81
	低质量的负面网络口碑					
	高矛盾者（N=62）			低矛盾者（N=47）		
	正面态度	负面态度	矛盾态度	正面态度	负面态度	矛盾态度
实验刺激前	5.97	4.55	6.34	6.97	3.44	2.25
实验刺激后	5.93	4.65	6.44	5.67***	3.45	2.98***
补救措施后	6.42**	4.11**	5.23***	5.68	3.42	2.94

注：* $p<0.05$，** $p<0.01$，*** $p<0.001$。

如表 5.2 所示，在高质量负面口碑下，高矛盾性消费者正面态度较实验刺激前显著下降（$M_{前}=4.98$，$M_{后}=4.68$，$t=2.69$，$df=59$，$p<0.05$），负面态度显著上升（$M_{前}=4.26$，$M_{后}=5.02$，$t=4.88$，$p<0.001$），被试以负面态度为主，矛盾态度变化显著（$M_{前}=4.66$，$M_{后}=5.22$，$t=3.17$，$df=59$，$p<0.01$）。高质量口碑高矛盾组被试态度的变化如图 5.4 所示。同样，低矛盾性消费者在高质量负面口碑的实验刺激下，正面态度下降（$M_{前}=6.06$，$M_{后}=5.54$，$t=3.69$，$df=44$，$p<0.01$），负面态度上升（$M_{前}=3.45$，$M_{后}=3.85$，$t=2.69$，$p<0.05$），但其主导态度仍然为正面的，被试的矛盾态度也显著上升（$M_{前}=2.12$，$M_{后}=2.85$，$t=3.73$，$p<0.01$）。高口碑质量低矛盾组被试的态度变化如图 5.5 所示，低矛盾性被试在受到高质量的负面网络口碑的刺激后，其正面和负面态度均显著变化，导致被试的矛盾态度显著上升，购买意愿减弱。因此，假设 3a 得到验证，即高矛盾性

消费者的负面态度成为主要态度，而低矛盾性消费者的主要态度还是正面的，导致高矛盾性被试的购买意愿弱化更为明显。

当实施低质量负面网络口碑刺激后，高矛盾被试的正面和负面态度变化不显著（正面态度：$M_{前}=5.97$，$M_{后}=5.93$，$t=0.67$，$df=61$，n. s.；负面态度：$M_{前}=4.55$，$M_{后}=4.65$，$t=0.52$，n. s.），矛盾态度也无显著变化（$M_{前}=6.34$，$M_{后}=6.44$，$t=0.63$，n. s.）。低质量口碑高矛盾态度组被试的态度变化如图5.6所示。低矛盾者正面态度显著降低（$M_{前}=6.97$，$M_{后}=5.67$，$t=6.67$，$df=46$，$p<0.001$），负面态度略有上升，但不明显（$M_{前}=3.44$，$M_{后}=3.45$，$t=0.67$，n. s.），矛盾态度显著上升（$M_{前}=2.25$，$M_{后}=2.98$，$t=5.34$，$p<0.001$）。低质量口碑低矛盾态度组被试的态度变化如图5.7所示。高低矛盾者的主导态度仍为正面。由此，假设3b得到验证，即高矛盾者矛盾态度无显著变化，而低矛盾者矛盾态度显著上升，此时低矛盾态度被试购买意愿的降低更为明显。

接下来再分析商家进行回复和采取补救措施后被试的矛盾态度是否改变。经过t检验发现，不论负面网络口碑的质量如何，高矛盾者正面态度显著提高（高负面口碑质量：$M_{前}=4.68$，$M_{后}=4.96$，$t=2.69$，$df=59$，$p<0.05$；低负面口碑质量：$M_{前}=5.93$，$M_{后}=6.42$，$t=3.69$，$df=61$，$p<0.01$），负面态度显著下降（高口碑质量：$M_{前}=5.02$，$M_{后}=4.15$，$t=5.68$，$p<0.001$；低口碑质量：$M_{前}=4.65$，$M_{后}=4.11$，$t=3.52$，$p<0.01$），矛盾态度也显著下降（高口碑质量：$M_{前}=5.22$，$M_{后}=4.86$，$t=2.42$，$p<0.05$；低口碑质量：$M_{前}=6.44$，$M_{后}=5.23$，$t=5.78$，$p<0.001$）（如图5.4和图5.6所示）。对于低矛盾者来说，商家采取补救措施后，其正面态度未显著变化（高口碑质量：$M_{前}=5.54$，$M_{后}=5.56$，$t=0.69$，$df=44$，n. s.；低口碑质量：$M_{前}=5.67$，$M_{后}=5.68$，$t=0.33$，$df=46$，n. s.），负面态度未显著变化（高口碑质量：$M_{前}=3.85$，$M_{后}=3.81$，$t=0.44$，n. s.；低口碑质量：$M_{前}=3.45$，$M_{后}=3.42$，$t=0.25$，n. s.），矛

盾态度也未有显著变化（高口碑质量：$M_{前}=2.85$，$M_{后}=2.81$，$t=0.78$，n. s.；低口碑质量：$M_{前}=2.98$，$M_{后}=2.94$，$t=0.32$，n. s.）（如图 5.5 和图 5.7 所示）。因此，假设 4 得到支持，即高矛盾者更易受到商家回复和补救措施的影响，而商家的补救措施对低矛盾者来说作用不显著。

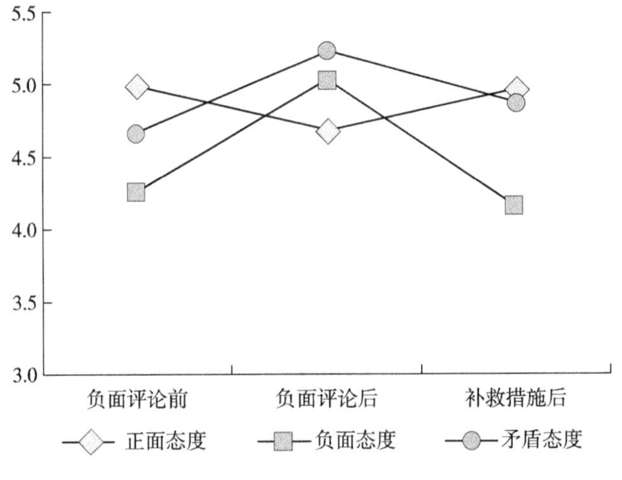

图 5.4　高质量高矛盾组被试态度变化

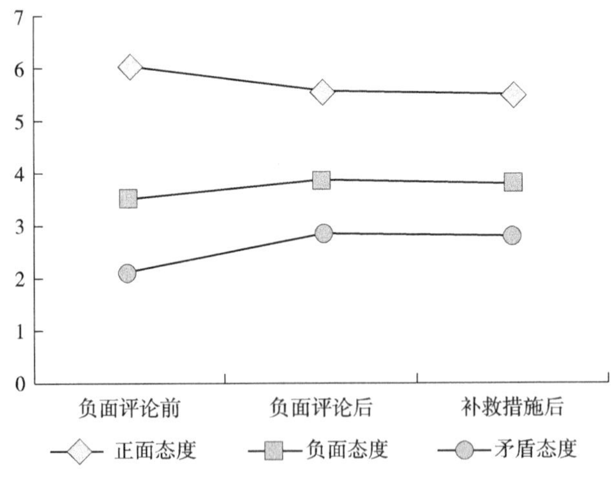

图 5.5　高质量低矛盾组被试态度变化

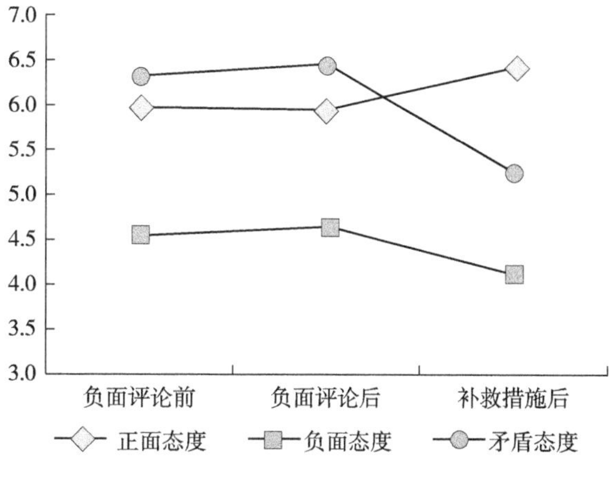

图 5.6　低质量高矛盾组被试态度变化

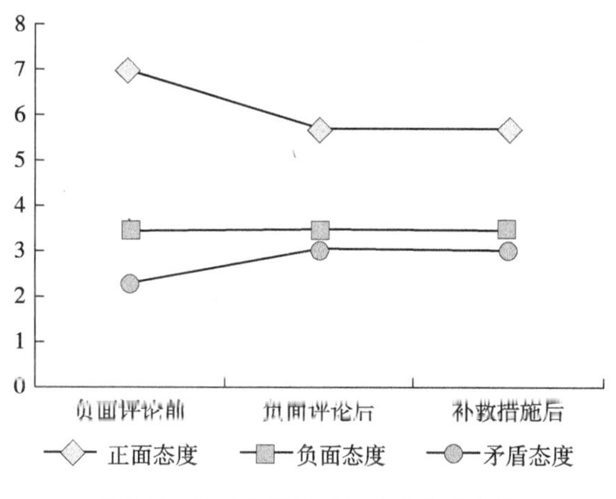

图 5.7　低质量低矛盾组被试态度变化

5.4　研究结论与讨论

第一，已有研究认为负面网络口碑的质量对消费者购买行为有负向的影响（李宏、喻葵和夏景波，2011），本书进一步发现消费者的态度矛盾性在负面网络口碑对其购买意愿的影响中起着调节作用。当负面网络口碑质量较高时，消费者购买意愿显著降低，并且此时口碑对高矛盾性消费者的影响大于低矛盾性消费者。但当负面网络口碑质量较低时，其只对低矛盾性消费者产生影响，高矛盾性消费者的购买意愿无显著变化。

第二，商家对负面口碑的回复和补救措施，对高矛盾性消费者的影响较为显著。在出现高质量的负面网络口碑时，商家采取的补救措施使高矛盾性消费者显著提升了购买意愿，但此时的购买意愿仍然低于初始的购买意愿。在出现低质量的负面网络口碑时，商家的回复使得高矛盾性消费者初始的购买意愿得到提升，但补救措施对低矛盾性消费者没有效果，其购买意愿无显著变化。

第三，矛盾态度的变化带来了消费者购买意愿上的改变。当出现高质量的负面网络口碑时，消费者的正面态度下降，负面态度上升，矛盾态度上升。高矛盾性消费者由于情感和认知上的冲突，其主导态度转为负面，而低矛盾性消费者还是以正面态度为主，因此高矛盾性消费者购买意愿的变化大于低矛盾性消费者。当出现较低质量的负面网络口碑时，低矛盾性消费者矛盾态度的变化要大于高矛盾性消费者，此时高、低矛盾性消费者的主导态度仍为正面。另外，高矛盾性消费者在获知商家的补救措施后，其正面态度显著上升，态度矛盾性下降，从而增强了购买意愿，但低矛盾性消费者没有降低矛盾程度的动机，其矛盾态度无显著变化，因此其购买意愿没有发生显著变化。

5.5 本章小结

本章以消费者矛盾态度作为研究视角，探讨负面网络口碑及服务补救机制对消费者态度和购买意愿的影响。本章通过一项“2×2×2”混合设计的实验研究发现，消费者态度的矛盾性和负面口碑的质量对消费者购买意愿的影响具有交互作用。具体来说，高质量的负面网络口碑对高矛盾性消费者的购买意愿的影响更大，低质量的负面口碑只对低矛盾性消费者产生影响。当商家采取补救措施后，高矛盾性消费者的购买意愿会显著提升，而补救措施对低矛盾性消费者无显著影响。同时本章也揭示了产生这种差异的主要原因在于高低矛盾性消费者的矛盾态度存在着不同程度的变化。本章主要研究的是负面网络口碑对矛盾性消费者态度和行为意向的影响机制。下一章将在第 4 章和第 5 章研究的基础上，探讨具有冲突性的网络口碑对矛盾性消费者态度和行为意向的影响。

第6章 冲突性网络口碑对矛盾性消费者的影响——矛盾态度的中介和调节作用

本书在前面的章节中探讨了正面网络口碑和负面网络口碑对消费者态度和行为意向的影响，发现不论消费者面对的是正面口碑还是负面口碑，矛盾态度在网络口碑对消费者态度和行为意向的影响中都起到了调节作用。本章以前面章节的研究为基础，继续探讨在具有预期消费的情境下，冲突性的网络口碑（既有正面评论又有负面评论）对矛盾性消费者的影响，也即深入探讨矛盾态度在冲突性网络口碑—消费者态度—消费者行为意向中的影响。

人们在日常消费中，经常处于预期消费情境下，消费者的决策和消费行为在前，而消费结果在后。决策和结果往往是异步的，即二者之间存在着时间差。如选择某个度假地，投资一只股票或者决定去某个从没去过的饭店就餐等都属于预期消费情境。在这些情况下，消费者的决策和行为都是基于未来的，他们会设想将来可能发生的结果，从而产生对预期消费结果的不确定性。现实生活中基于预期消费的不确定性是普遍存在的，特别是当消费者对产品或服务有较高的涉入度或消费结果难以控制时，很容易产生不确定性。消费者在难以做出决策时，往往会借助外界信息，网络口碑成为重要的信息源。然而消费者对消费结果的评价往往是多方面的，如一个度假酒店的网络口碑可能在一些属性上存在冲突，一些人觉得酒店的环境和设施不错，另一些人可能会抱怨酒店的服务和食品。冲突性的网络口碑反过来又会增加消费者的决策难度。

与消费者不确定性相关的是预支情绪，期待和焦虑是预支情绪中两种典型情绪。如果消费者预期未来有满意的结果则产生期待情绪，会有积极的态度和相应的行为。相反，如果认为未来结果不好，则会产生焦虑情绪，进而导致消极的态度和逃避行为（Baumgartner、Pieters 和 Bagozzi，2008；Maclnnis 和 de Mello，2005；Winterich 和 Haws，2011）。有研究指出情绪是对未来情况的反映（Schoefer，2008），但目前的研究鲜有预期消费的视角。此外，学者对单一情绪已有所研究，如 Maclnnis 和 de Mello（2005）认为期待和焦虑会产生潜在的深远影响，但决策过程中消费者还会产生冲突情绪，如既充满期待又有焦虑的情绪，目前，对冲突情绪复合影响的研究还很少。

基于以上分析，本章以预期消费情境作为研究视角，探讨在冲突性的网络口碑的影响下，不同情绪及情绪客观矛盾性对消费者态度和行为意向的影响，旨在进一步分析和完善网络口碑对消费者产生影响的机制。

6.1 模型构建与理论假设

本章在探讨预期消费情境下的预支情绪和预期情绪以及情绪矛盾性对消费者主观矛盾性影响的基础上，深入探讨消费者情绪上的客观矛盾性在由于产品属性评论不一致形成的冲突性网络口碑和消费者行为意向（包括购买意向和延迟意向）之间的中介作用以及在消费者态度对行为意向影响中的调节作用。本章的研究框架如图 6.1 所示。

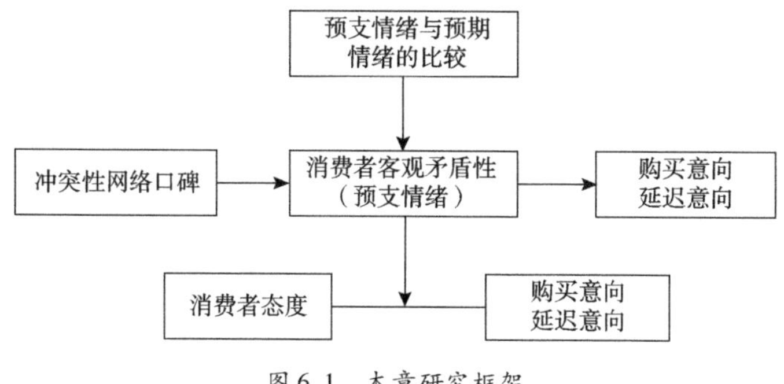

图 6.1 本章研究框架

6.1.1 预期消费中预支情绪和预期情绪的比较

消费者在决策过程中通常会产生两种情绪：预支情绪（anticipatory emotions）和预期情绪（anticipated emotions），二者被称为“前瞻性情绪”。预支情绪是人们在决策过程中因未来不确定结果所感受的情绪，是一种当前体验到的情绪，如期待（希望）、焦虑、担心等。预期情绪是对确定结果的情绪反应，即人们在行动前估计经历确定结果后会有的情绪，如喜悦、快乐、生气等（彭静和卢长宝，2015；郑亚楠、周庭锐和聂召，2010）。由此看来，虽然二者都与消费者预期相关，但预支情绪与消费者不确定性关系更紧密，不确定性是预支情绪的重要组成部分。

研究情绪对消费者选择和决策的影响一般采用基于心理效价的方法，例如分析消费者是具有正面情绪还是具有负面情绪。认知评价理论（Cognitive Appraisal Theory）认为情感是由主体对外界事物的认知诱发，而不是由事物本身诱发（Ortony、Clore 和 Collins，1988）。例如，“愤怒”是由认为他人的行为不公正而引发，在主体内心产生的一种负面情感。评价理论指出人们对事物或情境的解读是多维的（例如目标一致性和确定性等），不同评价维度的组合产生了特定的情绪（Lerner 和 Keltner，2000）。对于不确定结果的预期事件，目标一致性这一评价维度是十分重要的（Lazarus，1991）。目标一致性是预期结果与个体目标或对未来向往的一致性程度，即事件的发生能否使得个体目标得以实现（丁如一、周晖和林玛，2014）。因此，消费者的期待情绪表达的是，虽然结果不确定，但可能会达到目标一致性，焦虑情绪表达的是，可能会出现目标不一致性的结果，而复合情绪——期待与焦虑则表示预支情绪中具有冲突性的情绪。目前大多数文献对单一效价情绪的认知评价做了大量研究，但缺乏对冲突情绪的认知评价研究。

研究冲突情绪可基于态度矛盾性（attitude ambivalence）理论。矛盾态度指评价主体对一个事物同时存在积极和消极的评价，也就是说，当人们对某个事物存在着较强的正面和负面态度时，矛盾态度就会产生（黄敏学、冯小亮和谢亭亭，2010a）。一般来说，通过独立地测量对态度客体的正面态度和负面态度，就能计算出客观矛盾态度（陈志霞和陈剑峰，2007；Priester和Petty，1996）。针对情绪来说，客观矛盾性指两种冲突情绪同时存在（Williams和Aaker，2002），通过单独测量期待和焦虑（或者喜悦和生气）两种情绪就可以衡量出客观情绪矛盾性。

本章首先探讨预支情绪与预期情绪的区别，并比较二者在预期消费情境下对消费者矛盾态度的影响，即对预支情绪（期待和焦虑）与预期情绪（喜悦和生气）进行比较，检验二者对消费者态度矛盾性的不同影响。本书认为当消费的行为在前，而消费的结果还处于未知状态时，消费者的预支情绪水平会高于预期情绪水平。当出现冲突性的口碑信息时，即当消费者预测结果会出现与自己的目标不一致状态时，消费者“期待—焦虑”的客观矛盾性水平会大于预期情绪中的“喜悦—生气”客观矛盾性水平。

假设1：在预期消费情境下，预支情绪对消费者的影响大于预期情绪。

假设1a：在预期消费情境下，期待比喜悦对消费者的影响更显著。

假设1b：在预期消费情境下，焦虑比生气对消费者的影响更显著。

假设1c：在预期消费情境下，期待—焦虑客观矛盾性比喜悦—生气客观矛盾性对消费者的影响更显著。

以往对态度矛盾性的研究指出客观矛盾性引发了消费者不确定性和不适感，最终导致了消费者认知和情感上的冲突（高海霞和张敏，2016b）。Priester和Petty（1996）的研究指出这种认知和情感上的冲突是消费者主观上的矛盾性。在预期未来消费体验时，主观矛盾性将受到各种组合情绪的影响（例如期待和焦虑、喜悦和生气等）。Rucker、Tormala和Petty（2014）认为特定情绪以及情绪组合对人们后续的行动和反应有强烈的暗示作用。在基于未来的消费情境下，预支情绪是造成消费者的不舒适感和不确定性的主要原因。当接收到冲突性信息时，期待—焦虑客观矛盾性（预支情绪矛盾性）比喜悦—生气客观矛盾性（预期情绪矛盾性）对消费者主观矛盾性有更准确的预测。基于此，提出假设2。

假设2：在预期消费体验中，消费者面对冲突性信息而产生的预支情绪客观矛盾性对主观矛盾性的影响更显著。

6.1.2 矛盾态度的中介和调节作用分析

本章进一步研究预期消费情境下，预支情绪矛盾性对消费者态度和行为意向的影响，其中消费者行为意向包括延迟行动和购买意向。已有研究发现矛盾态度会使消费者有不适感，尤其是在预期消费情境中，期待—焦虑复合情绪会更为明显。对矛盾态度的研究发现不适感能够改变消费者思考和行动的方式（Mariconda 和 Lurati，2015）。矛盾的个体很容易被说服，更可能在态度的表达和行为意向上表现出前后的不一致。然而，目前针对情绪矛盾性对外界信息判断的影响以及态度如何影响后续行为的研究较少。本章继续探讨预支情绪客观矛盾性如何改变网络口碑信息影响意向的方式，及其如何影响态度和行为之间的关系，即针对预支情绪客观矛盾性在外界信息与消费者行为意向之间的中介作用以及在消费者态度和行为意向之间的调节作用展开研究。

1. 矛盾态度的中介作用分析

大多数研究探讨了网络口碑对行为意向的直接作用机制，但没有关注情绪矛盾性对消费者决策的影响。Williams 和 Aaker（2002）发现对有较高矛盾体验的消费者来说，情绪上的不适感在广告劝说对消费者态度的影响中具有中介作用。另外，也有学者认为矛盾态度是冲突性信息对信息搜索行为影响的中介变量（江晓东、高维和和梁雪，2013）。基于此，本书认为消费者情绪客观矛盾性是外界网络口碑信息与行为意向之间的中介变量。但由于冲突性的网络口碑信息会增强消费者的客观矛盾性，因此这种中介作用只针对那些处于冲突性信息影响下的消费者。也就是说，网络口碑信息通过矛盾态度间接地影响消费者的行为意向，而此中介作用对处于目标一致性信息（正面信息）或目标不一致性信息（负面信息）影响下的消费者不成立。本研究在对网络口碑信息进行实验操控时，主要考虑的是产品属性评论的不一致性导致的冲突性的网络口碑。冲突性的网络口碑引起的消费者情绪上的不适和决策上的不确定性成为对预期消费情境下消费者行为意向的作用基础。基于此，提出假设3。

假设3：客观矛盾性是网络口碑信息对消费者行为意向影响的中介变量，这种中介作用只针对处于冲突性信息影响下的消费者。

2. 矛盾态度的调节作用分析

一般认为消费者态度是形成意愿的基础，进而会导致行为的发生（Karimi、Papamichail和Holland，2015），因此态度能够预测行为的发生。但有的研究发现消费者态度和行为有时并不一致，还会受到其他因素的影响。如Tudoran、Olsen和Dopico（2012）发现态度的可接近性、认知需要、重要性感受等是态度和行为意愿之间的调节变量。Mariconda等（2015）指出两种冲突情绪（例如期待和焦虑）或者不适的体验会导致消费者不一致的评价和随后的行为动机。本书认为消费者客观矛盾性是态度和行为意向之间的另一个调节因素。针对预期消费情境，低矛盾性消费者态度一致性较高，能对其购买意愿有较好的预测。相反，高矛盾性消费者具有不稳定的态度评价，其购买意愿的可预测性较低，即消费者的矛盾性越高，态度对购买意愿的影响越弱。

除了购买，延迟行动是消费者另一个行为意愿。以前的研究聚焦在态度和购买意愿上，而对延迟购买这种回避行为鲜有探讨。以往的研究发现，有许多因素会导致消费者做出延迟购买的决定，例如，没有充足的时间，需要更多的信息，期待降价等（Greenleaf和Lehmann，1995）。但情绪上的不确定性，尤其是预支情绪引起的客观矛盾态度对延迟行动的影响还鲜有研究涉及。消费者在难以做出决策时经常会采取回避或者延迟购买的策略（Moody、Galletta和Lowry，2014）。因此，冲突性网络口碑信息引起的决策困难和不舒适感会由于消费者矛盾性的产生引起态度上的不一致，这种情境下消费者常常会推迟购买，即矛盾性会强化态度和意向之间的延迟关系。

假设4：客观矛盾性是态度和行为意向之间的调节变量。矛盾程度越高，消费者的购买意愿越弱，其延迟购买意愿越强。

6.2 研究设计

6.2.1 调查目标物及样本选择

本章采取实验的方法，实验调查目标物是某餐厅，着眼于预期消费体验，测量消费者对该餐厅的情绪反应。实验通过问卷调查的方式获取数据，问卷分为三个部分。第一部分是背景信息，包括一些告知性信息以及对餐厅的介绍，被调查者被告知，他们将会阅读一条关于餐厅的图文信息，而这家餐馆是他们从没去过的、正打算今晚和朋友去聚餐的场所。在问卷的第二部分中，被调查对象被分成三组，每组调查对象会阅读不同内容的并经过操纵的网络口碑信息，作为目标一致性的刺激物，实验测量调查对象的情绪反应和行为意向。由于餐厅消费决策行为发生在消费结果之前，消费者的就餐体验结果是不确定的，因此该部分测量被调查者对预期消费的情绪体验。所调查的被试行为意愿包括其购买意愿和延迟意愿。问卷的最后一部分是被调查者的基本信息，包括性别，年龄，月均外出就餐花费等变量。本次调查的对象是某高校160名本科生。这是因为餐厅是年轻人休闲聚会的主要场所，也是餐饮营销人员的主要目标客户群。此外，餐厅的用户评论较为主观，并且评价的属性是多维的。消费者在选择餐厅时往往会考虑不同方面，这些不同的方面会引起消费者正面的、负面的或者复合情绪。调查对象会读到一篇虚构的介绍餐厅的文章和客户评论信息。调查对象被分为三组，实验刺激分别对应与消费者目标一致的正面评论信息，与消费者目标不一致的负面评论信息和既有正面评论又有负面评论的冲突性信息。

6.2.2 对网络口碑信息的操控

为了验证冲突性网络口碑对消费者态度和行为的影响，在实验中需要对网络口碑的文本内容进行操控。被操控的餐厅评论信息分为：①与消费者目标一致的信息（即正面信息，以下简称一致性信息）；②与消费者目标不一致的信息（即负面信息，以下简称不一致性信息）；③与消费者目标相冲突的信息（既包括正面信息又包括负面信息，以下简称冲突性信息）。由于本书考虑的是产品属性评论不一致导致的网络口碑的冲突性，因此需要获取与餐厅相关的属性信息。一般的点评网站大多只从“口味”“环境”和“服务”三个属性对餐厅进行打分，可以说这是从商家视角出发的对餐厅的评价，并不能完全反映出消费者所关注的餐厅属性。因此本书首先通过分析网络口碑的文本信息，提取出消费者感兴趣的产品特征，也就是从消费者的视角分析餐厅属性，然后将排名靠前的属性组合成正面口碑、负面口碑和冲突性口碑，成为经过操控的口碑信息并将其作为实验刺激物分组展示给被试，这样得到的实验结果更能真实地反映实际情况。

本书利用八爪鱼网络爬虫软件，从大众点评网上抓取了排名靠前的餐厅用户评论，共计6530条，评论的时间为2015年9月—2017年7月。抓取的评论文本如图6.2所示。

利用R程序语言做分词和词频统计。在R中进行文本分析首先需要配置Java运行环境，然后载入rJava包和Rwordseg包。Rwordseg包中的segment CN函数用于中文分词，需引用rJava包中的Java分词工具Ansj。Ansj是一个开源的Java中文分词工具，基于中科院的ictclas中文分词算法，采用隐马尔可夫模型（Hidden Markov Model，HMM）。隐马尔可夫模型（Hidden Markov Model，HMM）作为一种统计分析模型，现已成功地用于语音识别、行为识别、文字识别以及故障诊断等领域。

点评文本 - 记事本

文件(F) 编辑(E) 格式(O) 查看(V) 帮助(H)

家人过生日，订了3桌，地点很好找，就在河北区中山路大天津对面，饭馆年头儿很长，估计有二三十年了，这还是头一次来这里吃饭。凉菜里麻酱油麦菜很有特色，麻酱特别多，爽口；毛氏爆三样，38元，值得推荐，口味超级棒；白灼仙贝，48元，感觉口味淡，不推荐；香辣蟹68这个很好，蟹新鲜，这个季节的海蟹都很贵，也挺值的；温拌蜇头量很大，好吃；特色鲍鱼蒜蓉很多，就是个头稍微小一些，15一个；清蒸鳜鱼鲜嫩可口，火候到位，实价；油淋羊腿128元，咸淡正好，配上烧烤的蘸料，很到位。以前看点评，都说这家不错，今天一尝，名副其实，以后聚会就是这里了。

家旁边的这家饭馆有些年头儿了，每天都爆满，性价比这方面是很重要的，点了3个热菜1个凉菜，3个人140多。豉味肘花，肘花很入味，入口即化型；毛氏爆三样，他家的招牌菜，不像传统老爆三有腰花，他家的是虾仁、鱿鱼和里脊肉，个人比较喜欢；八珍豆腐，真的好大一盘，口味咸鲜，有点甜口；薄饼鸭丝，也是属于酱香偏甜口的，炸脆的薄饼里加生菜。他家都属于传统的天津菜，有一些创新，不过大厅的环境一般，说话需要喊，抽烟的人太多，宝宝椅太少，不适合带孩子去。

来天津玩儿，就住饭庄对面。3个人要了3个菜，量很大，吃得很撑。毛氏爆三样：肉很嫩，没有淀粉的感觉，口感爽滑，最重要的是油不多，不腻。爆炒腰花：没有骚气味儿，很厚实，咬起来很有嚼劲儿，味儿很好。孜然里脊：里脊口感也是嫩嫩的，同样没有淀粉的口感，孜然味儿不会很重，衬托得里脊肉的味道更香，不油不腻。银丝卷：这个本来没抱什么希望，但没想到口感挺好，面皮包裹着面丝，有嚼劲儿，能吃出小麦香。七点半到的，人挺多，刚好走了一桌所以没等位，服务员态度也很好，帮忙推荐菜品，下次会再来。

和家人外出，路过附近查看点评，这家家常菜比较靠前，选择了这里，很火爆！点了几道经典的家常菜，菜量大，味道还不错，中规中矩。不知道是不是因为在正月里，店铺内的团购套餐不让使用，说过年紧张，有的菜没有。建议如果不能使用请注明不可使用时间，这样比较容易让人接受。服务员态度很好，价格很实惠！津门老字号。

依然是27号，我向来对过生日就那么回事，所以晚上从大悦城回来，只和家里人随便吃了顿饭，就当是把生日过了。4个人，没人喝酒，就点了4个菜，6碗米饭。毛氏爆三样，每次必点，就不多说了，不过这个应该是不费时的菜，竟然是最后上来的，上来时大伙都吃完了，只能每人吃了两口尝尝，剩下的全打包了。小份全爆，一般，食材普通，竟然放了水发海螺，没有爆的香气，黏糊糊的，而且食材切的块儿非常不好夹。香菇鸡片，很家常的味道，也是黏糊糊的。瓦块鱼，前几次点，都没有，这次一问有了，于是就点了，没想到这个在菜单上标明慢的菜，上来得却是出奇的快，味道一般，没有家里的熬鱼好吃。最让我失望的是，想起饭店一般都送长寿面的，于是问了服务员和老板，可都说没有，让人挺伤心的。另外，今天我父母和亲戚上完坟，中午也是在他家吃的，包间最低消费300，点了几个以前没有点过的菜，回来说也一般，而且量非常小。哎，不知道他家最近这是怎么了，反正最近不会去了。

地点：跟着导航就好，外地游客，只能跟着导航，很准。环境：可能是老店的缘故，环境很一般，真想说一句乱差，由于我们去的时候游客比较多，让我们拼桌吃的，感觉就是被坑了，全是游客。只有游客会慕名而来，结果跟小吃街一样。你懂的。口味：点了一个苦菊，一个新老爆三样，还有一个糖醋，三个菜怎么说呢，苦菊不是糖拌的，这个不多说啥，可能是当地的特色，其他两个菜油腻就不说了，真的很一般，不大好吃，建议别点。

听说挺火的，电话提前询问，告知下午5点左右到应该有位置，我们不到5点到的有位置，门口车位不是很多，比较紧张。招牌毛氏爆三样的确不错，是猪肉鲜鱿虾仁炒的，很好吃，口有点重；清炒虾仁也不错，没有配菜，虾仁比较鲜；椒盐全贝，炸的火候挺好，很嫩；熏排骨比较失败，一点儿也不好吃。

最近流行一句话，最好吃的煎饼果子永远都是楼下的那家。好像家门口都有一个像这样符合大家口味的餐厅。老爸每次和朋友打完台球都会选择来这里就餐。这家就是那种典型的天津菜，符合大众的口味，不过感觉量比之前的小了，但是大家还是一直给它好评的。

毛氏老爆三，看着有小份的，想着正好怕吃不了，结果被告知说周末不卖小份菜……然后又点了一份八珍豆腐，菜的料还算足，分量真的是一大份，满满一大盘……还点了一份酸辣汤，最后一个都没吃完……人来人往的，有点乱，抽烟的也多，服务态度只能说还可以……

就在单位门口，一家老店了，中午十一点到的，已经很多人了，基本到12点就要等座了。团购的，菜量很大，4个人吃不了，价格却很便宜。菠萝咕噜肉酸甜可口，鲶鱼豆腐很鲜，毛氏爆三是他家的经典菜，老醋蜇头不爱吃，太硬了，总体上菜味很正宗。

好吃的、接地气的一家饭馆，看着门面一般，但是味儿还真不错，也可能是我饿了，哈哈哈。过年来的人很多，还等了两桌。这家菜量一般，适合两个人，但是味道很好。毛氏爆三样，改良版老爆三，是虾仁鱿鱼和猪肉，下饭，好吃。大拌菜，好像桌桌必点啊，中规中矩吧。锅仔酸汤肥牛，不错，酸辣味挺重，好吃。推荐！！

这家开在中山路上的老店，可有些年头儿了，传统天津菜，环境一般，大厅顾客多，有些嘈杂，服务和新派餐厅不一样，也能说得过去。酱爆圆白菜、老爆三、鱼香肉丝都是非常地道的下饭菜。离家近偶尔会去吃个饭，年轻人很少选择这里聚会，倒是很多老年人喜欢在这里家庭聚餐。

图6.2　评论文本数据

资料来源：网站抓取

分词完成后进行清洗，本书使用的是哈工大停用词表。然后使用 freq 方法进行词频统计。研究中选择前 500 个出现频率最高的词语，通过人工检验筛选出与餐厅有关的 31 个关键属性及相关词频，其中涉及了餐厅属性相近词的合并，最后结果如表 6.1 所示。

表 6.1　餐厅属性及相关词频

	seg	freg		seg	freg
1	味道	1732	17	年头	475
2	人气	1534	18	卫生	425
3	人均	1221	19	赠品	421
4	环境	1167	20	设施	389
5	服务	1132	21	装修	385
6	菜量	988	22	车位	298
7	位置	873	23	排名	276
8	性价比	832	24	点菜	251
9	大厅	784	25	质量	245
10	单间	756	26	预约	221
11	特色	647	27	上座率	189
12	团购	621	28	品种	178
13	周边	569	29	付款	143
14	上菜	562	30	外卖	112
15	回头率	557	31	温度	98
16	菜品	542			

资料来源：作者根据分词结果整理

使用 R 语言 wordcloud 包中的 wordcloud 函数绘制词云图，餐厅属性词云图如图 6.3 所示。

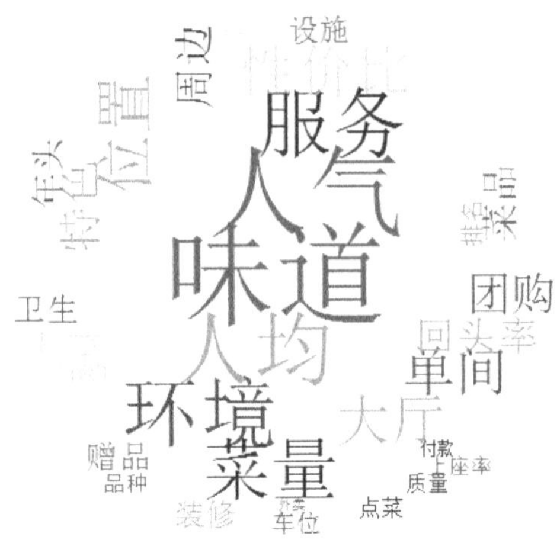

图 6.3　餐厅属性的词云图

资料来源：文本分析软件结果

一般来说，出现最多的关键词表示消费者最关注的属性。本书选取出现频率最高的 5 个关键词所表示的与餐厅有关的属性，包括味道，人气，人均，环境和服务，组成目标一致性（正面性）网络口碑和目标不一致性（负面性）网络口碑，选择出现频率排名第 3 ~ 6 位的属性，包括人均，环境、服务和菜量组成属性间冲突性网络口碑。每组经过操控的网络口碑示例如表 6.2 所示。

表 6.2　经过操控的各组网络口碑描述

目标一致性组	目标不一致性组	冲突组
家人过生日订了三桌，是人气很高的一家店，每道菜的味道都值得称赞，他家的特色菜毛氏爆三样和清蒸鳜鱼更是惊艳，而且人均消费还不高。因为包的是单间，所以环境很好，服务员服务很热情，最后还赠送了小礼物，总之非常满意，下次还选这里	肚子饿了就在附件找了一家店。人均消费挺高，但菜的味道却不敢恭维，点了排名第一的油条和排名第三的老爆三，味道真是一般。这家店的人气不算高，前台服务很差，和客人说话特别没有礼貌。环境有点乱，服务员的服务跟不上，要个水杯都要叫 3 次。应该不会再去了	和家人在这座城市旅游第一天的晚餐，决定尝尝本地菜，在点评网上提前查好了。总体感觉味道那是绝对正宗，食物尝起来很可口，但菜量有点少；人均消费不算高。所处位置离地铁 3 号线很近，很好找。人气倒是挺高，餐厅的环境有些乱，服务员的服务跟不上，要个水杯都要叫 3 次

6.2.3 变量的测量

对期待、喜悦、焦虑和生气这四种情绪的测量借鉴了 Ortony 等人（1988）的研究。期待包括感到乐观、有希望、令人憧憬和令人激动（a = 0.93）；喜悦包括快乐、高兴、愉快（a = 0.91）；焦虑包括担心、不安和害怕（a = 0.84）；生气包括气愤、沮丧和恼怒（a = 0.83）。所有题项均采用 Likert 7 点量表，如果被调查者感受到某种情绪，则在 1 ~ 7 的范围中做出选择，1 表示强度最低，7 表示强度最高。如果受访者没有感受到某种情绪，则标记 0。

情绪客观矛盾性的测量仍采用 Thompson、Zanna 和 Griffin（1995a）提出的“相似性和强度测量法”，该方法后来得到了 Priester 和 Petty 的检验，通过分别测试被试正面和负面情绪来评估客观矛盾性水平。公式如下：

$$客观矛盾性 = (P + N)/2 - |P - N| \quad (6.1)$$

其中，P 代表正面情绪得分，N 代表负面情绪得分，计算出的数值越高，代表客观矛盾性越强。根据此公式可以计算出期待—焦虑客观矛盾性和喜悦—生气客观矛盾性的水平。

主观矛盾性是指消费者对事物的所有混合情绪的水平。本书参考 Priester 和 Petty（1996）以及 Thompson 等人（1995a）的研究，调查受访者感受到的矛盾性，“喜忧参半”和“犹豫不决”（a = 0.90）的水平。每个题项仍采用 7 点量表，1 表示程度最低，7 表示程度最高。

对消费者态度的测量采用语义差异化量表进行，包括非常差/非常好，非常不喜欢/非常喜欢，完全否定/完全肯定（a = 0.98）。消费者意向包括：延迟意向和购买意向。调查对象被询问会采取哪个行动意向，采用 7 点量表，1 代表不会采取，7 代表会采取。

6.3 研究结果

6.3.1 操纵检验

首先对实验中餐厅评论操控的有效性进行检验。将目标一致性水平（包括一致性、不一致性和冲突性）作为组间变量，将正负面情绪及客观矛盾性作为组内变量。经过多元方差分析，发现组间效应显著（$F = 68.23$，$p < 0.01$）（见表6.3）。t检验发现在一致性信息下，正面情绪（$M = 4.51$）大于非一致信息（$M = 0.32$；$t = 19.64$，$p < 0.01$）和冲突性信息（$M = 3.25$；$t = 7.84$，$p < 0.01$）。在非一致性信息下，负面情绪（$M = 4.80$）大于一致性信息（$M = 0.35$；$t = -6.913$，$p < 0.01$）和冲突性信息（$M = 2.77$；$t = 4.56$，$p < 0.01$）。冲突性信息引起了较高的客观矛盾性（$M = 3.23$），大于一致性信息（$M = 1.71$；$t = 8.14$，$p < 0.01$）和非一致性信息（$M = 2.13$；$t = 4.43$，$p < 0.03$）。检验结果说明了对消费者评论信息的操控达到了预期效果。

6.3.2 假设检验

1. 预支情绪和预期情绪的比较

首先检验假设1。方差分析发现组内效应显著（$F = 14.59$，$p < 0.01$）。从表6.3整体列中可以看出期待（$M = 2.99$）大于喜悦（$M = 2.45$；$F = 24.52$，$p < 0.01$；$\eta^2 = 0.14$），焦虑（$M = 2.77$）大于生气（$M = 2.43$；$F = 4.23$，$p < 0.05$；$\eta^2 = 0.02$），期待—焦虑客观矛盾性（$M = 2.79$）大于喜悦—生气客观矛盾性（$M = 2.25$；$F = 23.08$，$p < 0.01$；$\eta^2 = 0.15$）。结果显示预支情绪在预期消费情境下作用大于预期情绪。此外，η^2 值显示出不同因子的效应大小，其计算公式如下所示。期待情绪比喜悦情绪有更大影响，

同样，期待—焦虑客观矛盾性比喜悦—生气客观矛盾性也有更大的影响，也就是说，预支情绪和预期情绪的差异对总体方差变异贡献较大，而焦虑和生气之间的差异虽然显著，但对总体方差变异贡献较小。假设 1a 和 1c 成立。

$$\eta^2 = \frac{SS_{between}}{SS_{total}} \tag{6.2}$$

其中，SS_{total}为总的变异平方和，$SS_{between}$为组间离差平方和，SS_{within}为组内离差平方和。

$$SS_{total} = SS_{between} + SS_{within} \tag{6.3}$$

$$SS_{between} = \sum_{i=1}^{k} n_i \ (\overline{x_i} - \overline{x})^2 \tag{6.4}$$

$$SS_{within} = \sum_{i=1}^{k} \sum_{j=1}^{n_i} (x_{ij} - \overline{x_i})^2 \tag{6.5}$$

虽然目标一致性和情绪的交互作用不显著（$p > 0.05$），但通过配对样本 t 检验进一步验证了假设 1a 和 1c。从表 6.3 中可以看到目标一致性信息下，期待（$M = 4.82$）显著性大于喜悦（$M = 4.20$，$t(53) = 3.91$，$p < 0.01$）。冲突性信息下期待—焦虑客观矛盾性水平（$M = 3.43$）显著高于喜悦—生气客观矛盾性（$M = 2.88$，$t(53) = 2.92$，$p < 0.01$）。然而，目标不一致信息下，焦虑（$M = 4.78$）和生气（$M = 4.83$，$t(51) = 0.57$，$p > 0.05$）二者无显著差异。

表 6.3　情绪均值和标准差

	整体		目标一致性信息（n = 54）		目标不一致性信息（n = 52）		冲突性信息（n = 54）	
	M	SD	M	SD	M	SD	M	SD
正面情绪	2.72	2.18	4.51	1.53	0.32	0.61	3.25	1.08
期待	2.99	2.30	4.82	1.67	0.52	0.85	3.55	1.34
喜悦	2.45	2.17	4.20	1.68	0.12	0.52	2.95	1.15
负面情绪	2.60	1.43	0.35	0.61	4.80	1.45	2.77	1.21
焦虑	2.77	1.71	0.56	1.11	4.78	1.85	3.01	1.58

续表

	整体		目标一致性信息（n＝54）		目标不一致性信息（n＝52）		冲突性信息（n＝54）	
	M	SD	M	SD	M	SD	M	SD
生气	2.43	1.63	0.14	0.48	4.83	1.69	2.53	1.52
矛盾情绪			1.71	1.05	2.13	1.11	3.23	1.16
期待—焦虑客观矛盾性	2.79	1.53	1.99	1.71	2.96	1.30	3.43	1.28
喜悦—生气客观矛盾性	2.25	1.12	1.49	0.84	2.42	1.11	2.88	0.97
主观矛盾性	2.90	1.51	1.97	1.04	2.79	1.42	3.95	1.33
态度	4.26	1.95	6.22	0.66	1.91	1.01	4.57	0.88
延迟意向	5.05	1.84	4.11	1.89	6.02	1.46	5.06	1.67
购买意向	3.89	2.05	5.42	1.38	1.81	1.28	4.37	1.55

在假设2中探究情绪组合的客观矛盾性对消费者主观矛盾性的影响。对于假设2使用层次回归分析方法进行检验（见表6.4）。在层次回归分析的第一步，自变量包括喜悦—生气客观矛盾性，第二步在模型中加入期待—焦虑客观矛盾性。每步模型的因变量都为主观矛盾性。

表6.4　层次回归分析结果

回归模型自变量	冲突性信息		一致性信息		非一致性信息	
	β	R^2变化	β	R^2变化	β	R^2变化
第一步：		0.10*		0.08*		0.03
喜悦—生气客观矛盾性	0.35*		0.45*		0.21	
第二步：		0.16**		0.02		0.05
喜悦—生气客观矛盾性	0.20		0.25		0.05	
期待—焦虑客观矛盾性	0.45**		0.24		0.31	

注：$*p<0.05$；$**p<0.01$。

从结果中可以看出，在冲突性评论信息的刺激下，第一步回归显示喜悦—生气客观矛盾性具有显著作用。第二步加入期待—焦虑客观矛盾性后，发现R^2进一步增加，但喜悦—生气客观矛盾性变得不再显著，说明期待—

焦虑客观矛盾性比喜悦—生气客观矛盾性作用更显著。这个结果支持了假设2，说明期待—焦虑客观矛盾性对主观矛盾性具有独特的作用。但是在目标一致性和非一致性信息下结论不成立，层次回归模型在最后一步不显著，说明期待—焦虑客观矛盾性并没有显著地解释额外差异。因此，在面对冲突性网络口碑时，消费者的期待—焦虑客观矛盾性对主观矛盾性的影响更显著。

假设1和假设2比较了预期消费情境下的预支情绪与预期情绪的差异。虽然两种情绪都是当前体验到的情绪，但消费者体验的预支情绪更为强烈。相较于预期情绪，期待和焦虑这一复合情绪对消费者主观矛盾性的作用更显著。研究结果证明了基于未来消费的情境下，预支情绪与预期情绪有不同的作用。许多消费决策需要消费者考虑不确定的未来结果，了解预支情绪及其矛盾性如何影响消费者的态度和行为具有重要的现实意义。由于在预期消费情境中消费者的预支情绪作用更强，因此，接下来进一步分析预支情绪矛盾性的中介和调节作用。

2. 客观矛盾性中介作用的检验

接下来检验假设3，即消费者矛盾态度的中介作用。在分析自变量X对因变量Y的影响时，如果X通过变量M来影响Y，则M就是中介变量。中介变量的示意图如下。

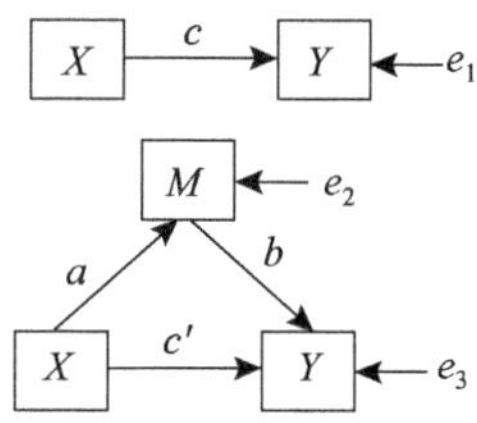

图6.4　中介变量示意图

资料来源：温忠麟、侯杰泰和张雷（2005）

$$Y = cX + e_1 \quad (6.6)$$

$$M = aX + e_2 \quad (6.7)$$

$$Y = c'X + bM + e_3 \quad (6.8)$$

在图 6. 4 中，c 为总效应，a、b 代表中介效应的大小，c′为间接效应，它们之间的关系可以表示为下式：

$$c = c' + ab \tag{6.9}$$

中介效应检验程序如图 6. 5 所示。

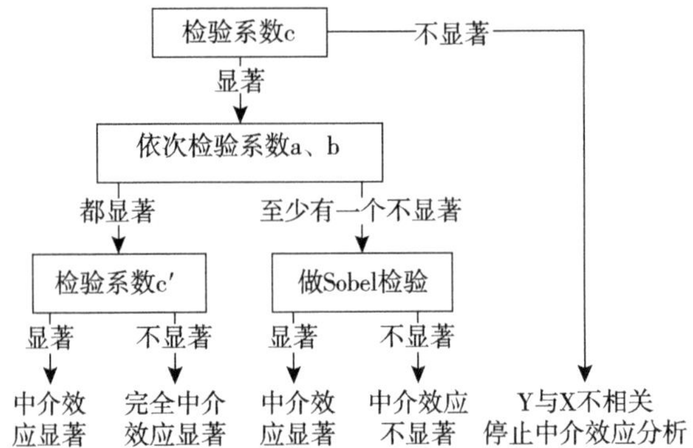

图 6. 5　中介效应检验

资料来源：温忠麟，侯杰泰和张雷（2005）

上图中 Sobel 值可用来检验变量的中介效应，该值检验的统计量如下：

$$z = \frac{\hat{a}\hat{b}}{S_{ab}} \tag{6.10}$$

其中 $\hat{a}$、$\hat{b}$ 分别是 a、b 的估计值，$S_{ab} = \sqrt{\hat{a}^2 {S_b}^2 + \hat{b}^2 {S_a}^2}$，$S_a$、$S_b$ 分别是 $\hat{a}$、$\hat{b}$ 的标准差。

在检验矛盾态度的中介作用时，需设置控制变量 C1 和 C2 分别代表不同的一致性水平之间的比较。C1 用来比较一致性和冲突性，C1 = 0 代表一致性信息，C1 = 1 代表冲突性信息；C2 用来比较一致性和不一致性，C2 = 0 代表一致性，C2 = 1 代表不一致性。如果 C1 对延迟行动意向的影响具有正向效应，代表冲突性信息比一致性信息对延迟意向有更大的影响，C2 同理。本书将 C1 和 C2 作为自变量，客观矛盾性作为中介变量，购买和延迟行动作为因变量，分三个步骤进行中介效应的检验（如表 6. 5 所示）。第一步，在冲突性信息下 C1 对矛盾性有显著作用。第二步，当只有 C1 作为模型中的自变量时，其对因变量延迟意向和购买意向具有显著作用。从回归系数可知，冲突性信息增强了延迟行动意向，弱化了购买意向。在第三步回归模型中增加了预支情绪客观矛盾性作为自变量，客观矛盾性对延迟意向和购买意向这两个因变量作用显著，即矛盾性水平越高，消费者越会倾向于延迟行动，弱化购买意愿。而C1变得不再显著，中介效应的检验程序说明客观矛盾性是冲突性信息对意愿影响的完全中介变量，即冲突性信息通过消费者的客观矛盾性对行为意愿有间接作用。对C2做同样的分析，发现Sobel值不显著，说明矛盾性没有产生中介作用。分析结果表明矛盾态度在冲突性信息（相对于一致性和非一致性信息）对行为意向的影响中起到中介作用，假设3成立。

表6.5 回归分析和Sobel值

回归模型	延迟		购买	
	β一致性VS冲突性（C1）	β一致性VS非一致性（C2）	β一致性VS冲突性（C1）	β一致性VS非一致性（C2）
客观矛盾性				
1. C值→客观矛盾性	0.36**	0.07	0.35**	0.09
2. C值→意向	0.27**	0.51**	−0.34**	−0.82**
3. 客观矛盾性→意向	0.44**	0.15	−0.31**	−0.05
C值→意向	0.10	0.30**	−0.21	−0.81**
Sobel值	2.57**	0.61	−2.11*	−0.50

注：* $p<0.05$；** $p<0.01$。

3. 客观矛盾性调节作用的检验

如果变量Y与变量X的关系是变量M的函数，则称M为调节变量（温忠麟、侯杰泰和张雷，2005），调节作用的模型可用下式表示：

$$Y = aX + bM + cXM + e \tag{6.11}$$

其中，系数c衡量了调节效应的大小。调节效应的检验首先将自变量和调节变量进行去中心化处理，即某个变量减去其平均值，然后做层次回归分析，步骤如下：

第一步，以自变量为 X 和 M，因变量为 Y 做线性回归分析，得到拟合优度系数 R_1^2；

第二步，以自变量为 X、M 和 XM，因变量为 Y 做线性回归分析，得到拟合优度系数 R_2^2，如果 R_2^2 显著高于 R_1^2，则说明调节效应显著。此外，也可判断 XM 的回归系数，若 XM 的回归系数显著，也说明调节效应显著。

本书假设 4 对客观矛盾性在态度和行为意向之间的调节作用进行验证。为了减少变量多重共线性的影响，首先对态度和矛盾性做均值中心化处理，然后利用层次回归分析检验矛盾性的调节作用（见表 6.6）。在第一步回归中，态度对延迟行动和购买意向的主效应显著，但只有客观矛盾性对延迟行动有显著影响。在第二步回归中增加态度和客观矛盾性的交互作用，结果显示交互项显著增强了对模型方差的解释能力（R^2增加）。对于延迟意向来说，态度和矛盾性的交互项系数为正（$\beta=0.17$，$p<0.05$），说明随着矛盾态度水平的增加，消费者态度对延迟行动的影响增强。相反，对于购买意向来说，态度和矛盾性的交互项系数为负（$\beta=-0.21$，$p<0.01$），说明随着矛盾态度的增强，消费者态度对购买意向的影响减弱。这一结果支持了假设 4，即客观矛盾性是态度和行为意向之间的调节变量。

表 6.6　层次回归分析结果

回归模型自变量	延迟意向		购买意向	
	β	R^2变化	β	R^2变化
第一步：		0.25**		0.58**
态度	-0.44**		0.77**	
客观矛盾性	0.27**		-0.06	
第二步：		0.03*		0.04**
态度	-0.38**		0.68**	
客观矛盾性	0.23**		-0.02	
态度×客观矛盾性	0.17*		-0.21**	

注：* $p<0.05$；** $p<0.01$。

资料来源：作者根据数据分析结果整理

以上结果说明预支情绪矛盾性起着中介和调节的双重作用。矛盾性在网络口碑信息和行为意向之间具有中介作用，但这种中介作用只针对冲突性网络口碑信息影响下的消费者。当消费者接收到冲突性的网络口碑信息时，矛盾态度是对消费者购买和延迟行动的重要影响因素。此外，研究结果也证明了消费者矛盾性水平越高，越能强化态度对延迟行动的影响，弱化态度和购买意向之间的关系，即矛盾态度是消费者态度和行为意向之间的调节变量。

6.4 研究结论与讨论

对预支情绪对消费者行为影响的研究具有重要的理论和实践意义。预期消费带来的不确定性是非常普遍的，尤其是当做出错误的选择会对消费者造成重大影响时。预期消费决策过程中的期待和焦虑情绪是消费者的特殊情绪体验，提供了研究消费领域中人们情绪和行为的一个新视角。具体来说，本章的研究结论如下：

第一，消费者在做决策时往往会考虑购后的结果，预支情绪在预期消费情境下扮演着重要的角色。本章的研究结果表明，消费者的期待和焦虑预支情绪比预期情绪（喜悦和生气）在预期消费情境下有更显著的作用。

第二，以往的研究中多单独讨论期待和焦虑情绪，对复合情绪及其影响鲜有涉及。本研究对期待和焦虑二者的复合情绪——情绪客观矛盾性进行了探讨。Priester 和 Petty（1996）指出客观矛盾性反映的是态度主体对某事物的正面态度和负面态度，也反映了人们的主观矛盾性。本书发现期待和焦虑的复合情绪相较于喜悦和生气的复合情绪在预期消费情境下对消费者的影响更显著，也就是说基于不确定性的未来消费结果，期待和焦虑的复合情绪引发了消费者更多的不适感。

第三，本章探讨了消费者客观矛盾性与消费者态度和行为之间的关系。

客观矛盾性增强了消费者的不适感，既是调节变量又是中介变量。本研究支持和扩展了 Williams 和 Aaker（2002）的研究，发现预支情绪矛盾性在预期消费情境中具有中介效应。对于较高矛盾性消费者，预支情绪矛盾性是网络口碑信息对行为意向的中介变量，但这只对接收到冲突性信息的消费者成立。研究结果说明，不仅仅是冲突性的网络口碑信息影响了消费者的行为，冲突性信息给消费者带来的情绪反应（例如矛盾性）也使得消费者在进行购买决策时变得更加谨慎。

第四，消费者态度能够有效预测其行为。学者们对二者之间的调节变量进行了广泛的研究，例如态度可接近性和认知需要等。本书发现预支情绪矛盾性也在二者的关系中起着调节作用。态度矛盾性削弱了态度对行为的预测功能，情绪上的矛盾性也抑制了态度和购买意向之间的关联。同时矛盾性越高，态度对延迟行动意愿的影响越强。因此，因矛盾性而产生的不适感和犹豫不决的态度增加了延迟购买的可能性。

消费者情绪是决策过程中的一种重要信息源，情绪对消费者态度和意向影响的研究对企业营销有重要现实意义。在消费过程中，消费者通常既有期待情绪又有焦虑情绪，了解情绪上的矛盾性如何影响消费者的态度和行为意向对企业营销人员十分重要。第一，消费者通常会接收到冲突性信息，企业应整合市场信息传播渠道，通过社会化媒体尽可能为消费者提供一致的产品信息和评价信息；强调产品正面信息，增强消费者对产品的信心，打消其顾虑。第二，期待和焦虑情绪在消费过程的早期就会产生。营销人员应及时注意消费者这些情绪并进行响应，除了提供连续一致的信息，减少不确定性外，在消费者购买之前缓和其矛盾情绪也十分重要，例如通过产品担保、退货政策、免费试用或者其他消费者的口碑等弱化消费者矛盾心理。第三，对于产品属性的评价是多维的，任何产品或服务都不可能是完美无缺的。因此，在宣传中强调消费者最看重的产品属性，例如，对于酒店和餐厅等服务行业，强调良好的服务和环境以及性价比等。最后，通过市场调查预测消费者的行为，特别是在预期消费中识别消费者特殊的情绪，使用有效的评估工具对消费者的行为进行准确预测，更好地了解客户。

6.5 本章小结

消费者情绪对消费体验和决策具有重要的影响。本章从预期消费视角研究预支情绪对消费者矛盾性、态度和行为意向（包括延迟和购买）的影响。本章首先对预支和预期情绪进行了比较，发现预期消费中预支情绪比预期情绪作用更显著，而且预支情绪矛盾性相较于预期情绪矛盾性对消费者主观矛盾性的影响更大；接下来，深入探讨了预支情绪矛盾性对消费者态度和行为意向的影响，发现消费者矛盾态度是冲突性的网络口碑信息与行为意向之间的中介变量，而且矛盾态度在态度和行为意向之间也起着调节作用。

第7章　研究结论与启示

7.1　研究结论

随着 Web 2.0 时代的到来，人们的购物习惯和特点正在逐步发生变化，消费者越来越依赖于第三方的信息和服务推荐，而且比以往任何时候都更容易获得或者传播产品信息，网络口碑对消费者决策和行为具有越来越重要的影响。通过对国内外现有文献的梳理，本书认为目前有关网络口碑的研究中缺乏对消费者个体层面的探讨，尤其是从消费者矛盾态度的视角探讨网络口碑的影响的文献还比较少。此外，现有研究中探讨网络口碑对消费者行为意向的直接影响的较多，但对其中的中介变量和调节变量的研究还需要继续深化。在文献综述的基础上，本书基于网络口碑理论、信息处理理论、消费者态度和行为理论，从消费者矛盾态度视角研究了网络口碑对消费者态度和行为意愿的影响。本书主要研究了四个问题：①分析了消费者矛盾态度的产生因素，应用 BP 神经网络算法建立了影响因素模型；②分析了正面网络口碑的质量和数量特性如何影响矛盾性消费者的态度以及采取的信息处理路径；③分析了负面网络口碑及其补救措施对矛盾性消费者态度和行为意向的影响；④检验了矛盾态度在冲突性网络口碑和行为意向之间的中介作用以及在消费者态度和行为意向之间的调节作用。通过研究网络口碑对矛盾性消费者态度和行为的影响，本书得出了以下几个结论。

结论一：个人内在因素和外在环境因素共同导致了消费者矛盾态度的

产生。本书第3章通过建立AABP神经网络模型，发现消费者的产品知识、产品涉入度、价格敏感性、与参照群体的冲突以及信息差异性等对消费者矛盾态度的产生具有显著的影响。其中产品知识、产品涉入度以及价格敏感性属于消费者内在因素，而与参照群体的冲突和信息差异性属于外在环境因素。在这些因素中，消费者产品涉入度的影响较大，且消费者产品涉入度与产品知识对消费者矛盾态度的产生具有负向影响。这是因为较高的涉入度通常伴随着较高的认知水平，消费者会更加积极主动地搜寻与产品有关的知识，涉入度与专业知识相结合会进一步降低消费者的矛盾态度水平。产品价格是消费者普遍关注的产品属性。价格敏感性表现了个体对产品价格或者价格变动的反应程度。价格变动过大，对价格敏感的消费者就会变得犹豫不决，矛盾态度增强。对于外在环境因素，与参照群体的冲突和信息差异性都会正向影响消费者矛盾态度。参照群体会影响消费者的决策和行为，当个人的态度与参照群体不一致时，消费者的矛盾态度水平就会上升。同样，当消费者面对冲突性的产品口碑信息时，即产品评价信息具有差异性时，消费者矛盾性会显著增强。本书发现网络口碑信息的差异性对消费者矛盾态度的影响最大。

结论二：不同矛盾程度的消费者对口碑信息处理的路径不同。本书第4章依据详尽可能性模型理论（ELM），建立了矛盾性消费者网络口碑信息处理路径模型，发现正面网络口碑的评论质量和评论数量对消费者态度具有显著的正向影响，消费者态度的矛盾性程度稳健地调节着消费者对外界信息的处理。具体来说，高矛盾性消费者受评论质量的影响较为显著，即高矛盾性消费者主要沿着中心路径改变态度。这是因为矛盾态度会引起人们不舒服的体验，高矛盾性消费者为了降低这种不适感，会对口碑信息进行精细加工。低矛盾性消费者由于矛盾水平较低，缺乏降低矛盾水平的动机，受评论数量的影响较为显著，即低矛盾性消费者主要沿着边缘路径改变态度。

结论三：负面网络口碑及商家补救措施对不同矛盾强度的消费者产生不同的影响。本书第5章通过实验研究发现，负面网络口碑的评论质量较高时，消费者的购买意愿显著降低，但高矛盾性消费者的变化程度大于低矛盾性消费者；负面网络口碑评论质量较低时，其只对低矛盾性消费者的购买意愿有显著影响。当商家采取补救措施后，高矛盾性消费者的购买意愿会显著提升，低矛盾性消费者无显著变化。本书揭示了产生这种差异的主要原因在于高低矛盾性消费者的矛盾态度存在着不同程度的变化，而矛盾态度的变化导致了消费者购买意愿的改变。高质量的负面网络口碑具有很强的说服力，会使得消费者的正面态度下降，负面态度上升，进而使矛盾态度上升。高矛盾性消费者由于情感和认知上的冲突，其主导态度转为负面，而低矛盾性消费者还是以正面态度为主，因此高矛盾性消费者购买意愿的变化大于低矛盾性消费者。当出现较低质量的负面评论时，低矛盾性消费者矛盾态度的变化要大于高矛盾性消费者，此时高低矛盾性消费者的主导态度仍为正面。另外，高矛盾性消费者在获知商家的补救措施后，其正面态度显著上升，态度矛盾性水平下降，从而增强了购买意愿，但低矛盾性消费者没有降低矛盾程度的动机，其矛盾态度无显著变化。

结论四：消费者矛盾态度是冲突性网络口碑与行为意向之间的中介变量，也在态度对行为意向的影响中起着调节作用。本书第6章研究了预期消费情境下，预支情绪矛盾性的作用。消费者对未来发生的事件会产生一定的情绪反应，预支情绪就是一种“前瞻性”的情绪反应。如果消费者认为未来会有好的结果发生就会产生期待的情绪，进而会有积极的态度和行为；如果认为未来结果不好，则会产生焦虑的情绪，进而导致消极的态度和逃避行为。消费者不确定性与预支情绪具有相关性，本书认为在预期消费的情境下，预支情绪对消费者的影响大于预期情绪，并且消费者的预支情绪客观矛盾性对其主观矛盾性有较大的影响。本书进一步检验了消费者客观矛盾性对消费者行为意向的影响，发现在具有冲突性口碑信息的情况下，消费者的矛盾态度是网络口碑和消费者行为意向之间的中介变量，即冲突性的口碑信息不仅会影响消费者的行为，也会通过消费者的矛盾态度对消费者行为产生进一步的影响。最后，本书检验了消费者客观矛盾态度的调节作用，发现客观矛盾态度在消费者态度和行为意向之间也起着调节作用，即矛盾态度削弱了态度对行为的预测功能，矛盾性程度越高，消费者态度对延迟购买行为的影响越大。

7.2 管理启示

本研究从矛盾态度的视角探讨了网络口碑对消费者态度和行为意向的影响，扩展了矛盾态度理论在网络口碑研究中的应用，同时，能够帮助商家和企业更好地了解顾客，针对不同的客户群体制订具有针对性的营销策略。这不仅能够满足消费者的需求，也能够给商家和企业带来更大的利益，达到一种“双赢”的结果。根据研究结论，从以下几方面阐述本研究对商家和企业的营销和管理启示。

7.2.1 企业应重视网络口碑给消费者带来的影响

1. 网络口碑对消费者具有重要影响

随着 Web 2.0 时代的到来，消费者的消费习惯和特点正在逐步发生变化，以企业为主导的产品或服务信息传播不再是消费者主要的信息来源。网络口碑作为第三方的信息来源，由于其本身具有的客观性、公正性、易获得性和易扩散性，越来越得到消费者的重视。网络口碑影响着消费者对产品或服务的态度及其购买决定。网络口碑具有劝说效应和知晓效应。口碑评论质量越高，越能发挥网络口碑的劝说效应，引起消费者对产品态度的转变。口碑评论数量体现了网络口碑的知晓效应。一般情况下，消费者在购买了产品或服务之后才能发表评论，所以，评论数量越多，说明商品受欢迎程度越高，正面的网络口碑越多，越能给企业带来销售收入的提高。因此，针对网络口碑的影响，企业可采取的策略包括：鼓励消费者发表正面、积极的和高质量的口碑信息。本研究发现高质量的正面性网络口碑能够显著提高消费者对产品的正面态度，有利于消费者做出购买决定。网络口碑平台可以为消费者设计发表口碑的标准格式，如对产品外观、产品质量、产品使用性能、产品售后服务以及物流快递等方面进行评价，满足不同消费者关于产品的属性偏好，尽可能减少信息的不对称性。企业还应减少对口碑信息的操纵，增强消费者对口碑信息的信任，从而增强其对商家和企业的信任。

2. 利用网络口碑提高产品质量

通过网络口碑，企业可以发现消费者关注的产品属性是什么，即消费者的产品属性偏好（attribute preferences）。产品属性偏好是消费者在产品评估过程中针对不同产品属性所感知的相对重要性，消费者的产品属性偏好与消费者的决策紧密相关。企业可以通过对口碑内容的文本分析找到消费者最关注的产品属性，从消费者的视角而非供应商或者生产商的视角对产品进行客观的评价。当今社会化网络中商务活动的生命周期越来越短，只有及时分析网络口碑的内容，才能有针对性地改进产品质量，优化企业的业务活动，做到真正意义上的“拉动式生产”，生产出消费者满意的产品。

7.2.2 矛盾态度影响消费者对产品和服务的认知

消费者态度的矛盾性已经成为普遍现象，企业要认识到消费者矛盾性会对企业产品或服务的销售造成影响。较高的矛盾程度会弱化消费者的态度对行为的预测，造成消费的不确定性。企业应尽可能为消费者提供一致的信息，了解矛盾态度产生的原因，如价格、产品定位等，制订合理的价格和营销手段。从另一方面来说，消费者矛盾态度不一定带来负向影响。消费者矛盾态度产生的前提是对企业的产品或服务有一定的关注度和兴趣，如何利用矛盾态度这把双刃剑来促进交易，是值得企业深入思考的问题。

1. 对矛盾态度不同的消费者采用不同的营销策略

研究表明矛盾态度不同的消费者对外界信息的处理路径不同。企业应尽量识别出消费者对产品矛盾态度的程度，从态度矛盾性的角度来对消费者进行细分，对矛盾程度不同的消费者采取不同的营销策略。针对高矛盾性消费者来说，企业需要对产品做详细的介绍，更多地展示产品的正面评价信息，满足高矛盾性消费者对产品信息的需求。对低矛盾性消费者，企业应更关注产品的边缘路径上的信息，如产品销售的数量、评论数量、产品评论的权威性等，企业产品销售人员对低矛盾性消费者应更多地从上述方面进行营销活动。

2. 弱化消费者的矛盾态度

本研究认为具有较高矛盾态度水平的消费者购买意愿会显著降低。高矛盾性消费者具有较强的认知和情感上的冲突，会有强烈的不适感，尤其在面对冲突性的网络口碑时，消费者的矛盾态度会显著增强。产品的正面口碑和负面口碑同时出现，就会形成冲突性的网络口碑信息。因此企业更要重视负面产品口碑信息的传播与扩散，建立应对负面网络口碑的管理机制。当出现负面口碑时，企业应采取积极的应对措施。高质量的负面网络口碑对矛盾性程度高的消费者带来的负面影响更为显著。一旦这样的负面网络评论出现，企业应在第一时间查找自身原因并采取道歉、解释等方式对消费者进行回复，或通过赠送小礼物等方式来进行补救，使高矛盾性消费者的矛盾程度降低，将负面口碑带来的影响降到最低。

此外，没有任何产品是完美无缺的，企业在进行品牌宣传时，不应过分夸大产品的功效，以免造成消费者对产品过高的预期。当出现负面网络口碑时应及时采取措施进行服务补救，鼓励购买者追加满意的产品评论，使消费者对产品的矛盾态度能够维持在较低水平上。

7.3 研究局限

本书构建了网络口碑对矛盾性消费者影响的理论体系，并通过实证的方法进行了验证，具有一定的理论意义和实践意义。但在研究中还存在一些不足之处，主要表现为以下几点：

第一，本研究对定量研究消费者矛盾态度的影响因素具有一定的拓展作用，但对消费者矛盾态度的影响因素考虑不全。除了消费者个人因素和外在环境因素之外，还可以考虑产品因素的影响，可进一步针对某一特定类别的产品进行具体分析。

第二，本书探讨了正面网络口碑对消费者态度的影响机制，但只针对消费者的整体态度。三成分态度理论指出态度是由认知、情感和行为三个元素组成的，高低矛盾者在三个态度成分上的变化也是有区别的。因此今后的研究可以继续从中心路径和边缘路径角度出发，探讨在多元化的网络口碑环境中消费者在不同态度维度上的变化，进一步揭示矛盾性消费者态度改变的机制。

第三，本书也探讨了负面网络口碑对消费者的影响，但只针对消费者的购买意愿进行研究，负面网络口碑对重复购买的消费者带来的影响也值得进一步探讨。实验设定的补救措施较简单，仅为回复和赠送礼品等，网络销售环境下的补救措施种类多样，不同的补救措施对矛盾性消费者有怎样的影响也是值得探讨的内容。

第四，本书对预期消费领域的消费者情绪反应、态度和行为意向进行了研究。然而实验环境与真实消费环境有一定的区别，实验中被试的情绪反应强度比真实消费环境中的要弱。因此今后对消费者情绪的测量可以尝试通过访谈或者观察等方法进行。不确定性是预支情绪产生的重要条件，是与预期消费决策相关的，然而实验并没有直接对消费者的不确定性进行测度。矛盾性是与冲突性和不适感相关的，而不确定性的产生是因为对客观事物缺乏了解。今后的研究还应进一步研究不确定性在消费者情绪体验、矛盾态度和客户回应等方面产生的影响。

此外，本研究的实验对象主要为在校本科生，实验对象选取有一定的局限性。今后可以扩大实验对象的范围，对结论的有效性进行进一步的检验。研究还可以采用仿真、文本挖掘等方法，结合社会网络理论、社会资本理论和劝说理论等，继续深入探讨网络口碑对消费者行为的影响，且消费者行为研究的对象不仅局限在购买或者延迟购买等行为上，还可以扩展到网络口碑的传播和转发行为等更广的范围。

参考文献

[1] 毕继东．负面网络口碑对消费者行为意愿的影响研究［D］. 济南：山东大学，2010.

[2] 曹欢欢，姜锦虎．在线评论实证研究综述［J］. 信息系统学报，2012（02）：125－136.

[3] 常亚平，肖万福，覃伍，阎俊．网络环境下第三方评论对冲动购买意愿的影响机制：以产品类别和评论员级别为调节变量［J］. 心理学报，2012，44（9）：1244－1264.

[4] 常亚平，姚慧平，韩丹，阎俊，张金隆．电子商务环境下服务补救对顾客忠诚的影响机制研究［J］. 管理评论，2009，21（11）：30－37.

[5] 陈剑峰，陈志霞．一般矛盾态度及其相关研究进展［J］. 心理科学，2009（01）：220－222.

[6] 陈漫，张新国，王峰．在线评论中的属性不一致性对产品销售的影响［J］. 华东经济管理，2015，29（05）：147－153.

[7] 陈志霞，陈剑峰．矛盾态度的概念、测量及其相关因素［J］. 心理科学进展，2007，15（06）：962－967.

[8] 丁如一，周晖，林玛．感激情绪的认知评估体系［J］. 心理学报，2014（46）：1463－1475.

[9] 窦光华．网络口碑可信度对网络购买意愿的影响研究［M］. 成都：四川大学出版社，2014.

[10] 方宇通．顾客逆向行为影响忠诚消费者重购意愿研究——基于矛盾态度的视角［J］. 华东经济管理，2014，28（06）：135－141.

[11] 冯小亮，黄敏学，张音．矛盾消费者的态度更容易受外界影响吗？——不同

态度成分的变化差异性研究［J］. 南开管理评论，2013，16（01）：92－101.

［12］符国群．消费者行为学［M］. 北京：高等教育出版社，2001：313.

［13］高海霞，孙素芳，张敏．矛盾态度视角下网络口碑对消费者品牌转换行为的影响研究［J］. 生产力研究，2016a（10）：134－154.

［14］高海霞，张敏．消费者矛盾态度研究综述与展望［J］. 外国经济与管理，2016b，38（02）：62－74.

［15］龚诗阳，刘霞，刘洋，赵平．网络口碑决定产品命运吗——对线上图书评论的实证分析［J］. 南开管理评论，2012，15（04）：118－128.

［16］龚诗阳，刘霞，赵平．线上消费者评论如何影响产品销量？——基于在线图书评论的实证研究［J］. 中国软科学，2013（06）：171－183.

［17］郭国庆，陈凯，何飞．消费者在线评论可信度的影响因素研究［J］. 当代经济与管理，2010（10）：17－23.

［18］郭国庆，杨学成，张杨．口碑传播对消费者态度的影响：一个理论模型［J］. 管理评论，2007，19（03）：20－26.

［19］郭国庆．市场营销学通论［M］. 北京：中国人民大学出版社，2016：87－88.

［20］郭恺强，王洪伟，赵月．消费者通过在线声誉系统发表评论的前因：基于TAM的实证研究［J］. 管理评论，2014b，26（09）：180－190.

［21］郭恺强，王洪伟，郑晗．基于在线评论的网络零售定价模型研究［J］. 商业经济与管理，2014c，270（04）：59－66.

［22］郭恺强，王洪伟．消费者发表正面网络口碑的实证研究［J］. 江西社会科学，2014a（03）：224－229.

［23］郭恺强．基于电影行业的在线口碑对商家行为影响的数据分析［J］. 井冈山大学学报（社会科学版），2013，34（03）：71－75.

［24］韩飞，于洪彦．消费者价格敏感影响因素的实证研究［J］. 价格理论与实践，2011（11）：70－71.

［25］郝媛媛，邹鹏，李一军，等．基于电影面板数据的在线评论情感倾向对销售收入影响的实证研究［J］. 管理评论，2009，21（10）：95－103.

［26］郝媛媛．在线评论对消费者感知与购买行为影响的实证研究［D］. 哈尔滨：

哈尔滨工业大学，2010.

［27］黄敏学，冯小亮，王峰，蔡融．不满意消费者的网络负面口碑机制研究［J］．武汉大学学报（哲学社会科学版），2010c（03）：440－445.

［28］黄敏学，冯小亮，谢亭亭．消费者态度的新认知：二元化的矛盾态度［J］．心理科学进展，2010a，18（06）：987－996.

［29］黄敏学，王峰．网络口碑的形成、传播与影响机制研究［M］．武汉：武汉大学出版社，2011.

［30］黄敏学，王艺婷，廖俊云，等．评论不一致性对消费者的双面影响：产品属性与调节定向的调节［J］．心理学报，2017，49（03）：370－382.

［31］黄敏学，谢亭亭，冯小亮．矛盾的消费者是如何解读多元化口碑信息的？［J］．心理学报，2010b，42（10）：998－1010.

［32］简祯富，许嘉裕．大数据分析与数据挖掘［M］．北京：清华大学出版社，2016：128－129.

［33］江晓东，高维和，梁雪．冲突性信息对消费者信息搜索行为的影响——基于功能性食品健康声称的实证研究［J］．财贸研究，2013，24（02）：114－121.

［34］金立印．网络口碑信息对消费者购买决策的影响：一个实验研究［J］．经济管理，2007，29（22）：36－42.

［35］［英］克里斯廷·格罗鲁斯．服务管理与营销［M］．韩经纶，译．北京：电子工业出版社，2002.

［36］赖胜强，唐雪梅．基于ELM理论的社会化媒体信息转发研究［J］．情报科学，2017（09）：96－101.

［37］赖胜强，唐雪梅．搜寻者对用户生成信息的信任度研究［J］．情报杂志，2013，32（02）：152－155，185.

［38］李宏，喻葵，夏景波．负面在线评论对消费者网络购买决策的影响：一个实验研究［J］．情报杂志，2011，30（05）：202－207.

［39］李先国，杨晶，刘雪敬．时间压力和参照群体对消费者网络团购意愿的影响［J］．中国软科学，2012（04）：117－124.

［40］李宗伟，张艳辉．体验型产品与搜索型产品在线评论的差异性分析［J］．现代

管理科学，2013，1（08）：42－45.

［41］刘洋，廖貅武．基于在线评分和网络效应的应用软件定价策略［J］. 管理科学，2013，26（04）：60－69.

［42］陆海霞，吴小丁，苏立勋．差评真的那么可怕吗？——负面线上评论对消费者购买行为的影响研究［J］. 北京社会科学，2014（05）：102－109.

［43］马艳丽，胡正明．在线评论的矛盾性影响因素和形成机理研究［J］. 云南社会科学，2013b（05）：78－81，95.

［44］马艳丽．冲突的在线评论对消费态度的影响［J］. 经济问题，2014（03）：37－40.

［45］马艳丽．在线评论引起的消费者决策困境：概念与相关问题［J］. 求索，2013a（07）：244－246.

［46］潘晓波，程海芳．网购纯正面商品信息如何引发消费者态度矛盾性［J］. 商业研究，2014，56（11）：112－121.

［47］潘晓波，黄卫来，蔡淑琴．反转负面追加评价与在线消费者态度矛盾性［J］. 科研管理，2017，38（04）：104－112.

［48］潘晓波，黄卫来．消费者矛盾性对正面在线口碑信息处理的影响［J］. 管理学报，2015，12（03）：446－457.

［49］盘英芝，崔金红，王欢．在线评论对不同热门程度体验型商品销售收入影响的实证研究［J］. 图书情报工作，2011，55（24）：126－131.

［50］彭静，卢长宝．限量促销决策的情感机制——预期和预支情绪的视角［J］. 重庆工商大学学报（社会科学版），2015，32（03）：42－49.

［51］宋思根，王平，徐伟．网店形象购后评级、新产品质量评价与购买意愿［J］. 现代财经，2016（07）：70－79.

［52］宋晓兵，丛竹，董大海．网络口碑对消费者产品态度的影响机理研究［J］. 管理学报，2011，08（04）：559－566.

［53］王大海，姚唐，姚飞．买还是不买——矛盾态度视角下的生态产品购买意向研究［J］. 南开管理评论，2015，18（02）：136－146.

［54］王霞，赵平，王高，刘佳．基于顾客满意和顾客忠诚关系的市场细分方法研究［J］. 南开管理评论，2005，8（05）：26－30.

[55] 王霞，赵平，王高，刘佳．中国消费者价格容忍度的特点 [J]. 心理学报，2004，36（05）：593－600.

[56] 温忠麟，侯杰泰，张雷．调节效应与中介效应的比较和应用 [J]. 心理学报，2005，37（02）：268－274.

[57] 谢毅，彭泗清．品牌信任和品牌情感对口碑传播的影响：态度和态度不确定性的作用 [J]. 管理评论，2014，26（02）：80－91.

[58] 徐峰，丁斅，侯云章．在线评论影响下的供应链合作模式研究 [J]. 东南大学学报（哲学社会科学版），2013，15（04）：52－57＋135.

[59] 严建援，张丽，张蕾．电子商务中在线评论内容对评论有用性影响的实证研究 [J]. 情报科学，2012，30（05）：713－716＋719.

[60] 阎俊，胡少龙，常亚平．基于公平视角的网络环境下服务补救对顾客忠诚的作用机理研究 [J]. 管理学报，2013，10（10）：1512－1519.

[61] 杨强，张宇，刘彩艳．服务补救、感知控制对消费者正面口碑传播意愿的影响研究 [J]. 华东经济管理，2014，28（07）：107－113.

[62] 曾龄玉．价格敏感度与知觉主流设计对延迟购买行为影响之研究——以数位相机产品为实证 [D]. 台湾：中原大学，2005.

[63] 张敏，张哲．网络环境下口碑对消费者冲动性购买的影响 [J]. 软科学，2015，29（10）：110－114.

[64] 张圣亮，刘刚．补救公平性对消费者情绪和行为意向的影响 [J]. 北京航空航天大学学报（社会科学版），2013，26（02）：69－76.

[65] 张亚帆．微信口碑对大学生消费行为意愿影响的实证研究 [D]. 天津：天津工业大学，2017.

[66] 郑春东，郭伟倩，王寒．负面网络消费者评论及商家回复对潜在消费者的影响 [J]. 北京工商大学学报（社会科学版），2015，30（01）：86－92＋117.

[67] 郑亚楠，周庭锐，聂召．前瞻性情绪在消费者动态决策中的研究及展望 [J]. 河南师范大学学报（哲学社会科学版），2010（37）：175－177.

[68] 周洁，冯江平，王二平．态度结构一致性及其对态度和行为的影响 [J]. 心理科学进展，2009，17（05）：1088－1093.

[69] 左文明，王旭，樊偿．社会化电子商务环境下基于社会资本的网络口碑与购买意愿关系［J］．南开管理评论，2014，17（04）：140－150.

[70] Ajzen I.. Attitudinal and Normative Variables as Predictors of Specific Behaviors [J]. Journal of Personality and Social Psychology, 1973, 27 (1): 41－57.

[71] Armitage C. J., Conner M.. Attitudinal Ambivalence: A Test of Three Key Hypotheses [J]. Personality and Social Psychology Bulletin, 2000 (26): 1421－1432.

[72] Arndt J.. Role of Product－Related Conversations in the Diffusion of a New Product [J]. Journal of Marketing Research, 1967 (4): 291－295.

[73] Balasubramanian S., Mahajan V.. The Economic Leverage of the Virtual Community [J]. International Journal of Electronic Commerce, 2001, 5 (3): 103－138.

[74] Baumgartner H., Pieters R., Bagozzi R. P.. Future－Oriented Emotions: Conceptualization and Behavioral Effects [J]. European Journal of Social Psychology, 2008 (38): 685－696.

[75] Bee C. C., Madrigal R.. Consumer Uncertainty: The Influence of Anticipatory Emotions on Ambivalence, Attitudes and Intentions [J]. Journal of Consumer Behaviour, 2013, 30 (12): 370－381.

[76] Bell D. W., Esses V. M.. Ambivalence and Response Amplification: A Motivational Perspective [J]. Personality and Social Psychology Bulletin, 2002 (28): 1143－1152.

[77] Blazevic V., Hammedi W., Garnefeld I., Rust R. T., Keiningham T., et al. Beyond Traditional Word－of－Mouth: An Expanded Model of Customer Influence [J]. Journal of Service Management, 2013, 24 (3): 294－313.

[78] Broemer F.. Ambivalent Attitudes and Information Processing [J]. Swiss Journal of Psychology, 1998 (57): 225－234.

[79] Cacioppo J. T., Gardner W. L., Berntson G. G.. Beyond Bipolar Conceptualizations and Measures: The Case of Attitudes and Evaluative Space [J]. Personality and Social Psychology Review, 1997, 1 (1): 3－25.

[80] Chaiken S., Baldwin M. W.. Affective－Cognitive Consistency and the Effect of Salient Behavioral Information on the Self－Perception of Attitudes [J]. Journal of Personality and

Social Psychology, 1981 (41): 1 - 12.

[81] Chen P., Wu S., Yoon J.. The Impact of Online Recommendations and Consumer Feedback on Sales [A]. ICIS 2004 Proceedings [C]. Washington DC: ICIS Press, 2004: 58.

[82] Chen Y., Xie J.. Online Consumer Review: Word - of - Mouth As a New Element of Marketing Communication Mix [J]. Management Science, 2008, 54 (3): 477 - 491.

[83] Chen Y., Xie J.. Third - Party Product Review and Firm Marketing Strategy [J]. Marketing Science, 2005, 24 (2): 218 - 240.

[84] Cheung C., Lee M.. What Drives Consumers to Spread Electronic Word of Mouth in Online Consumer - Opinion Platforms [J]. Decision Support Systems, 2012, 53 (1): 218 - 222.

[85] Chevalier J. A., Mayzlin D.. The Effect of Word of Mouth on Sales: Online Book Reviews [J]. Journal of Marketing Research, 2006, 43 (3): 345 - 354.

[86] Chintagunta P. K., Gopinath S., Venkataraman S.. The Effects of Online User Reviews on Movie Box - Office Performance: Accounting for Sequential Rollout and Aggregation Across Local Markets [J]. Marketing Science, 2010, 29 (5): 944 - 957.

[87] Chiu C. M., Hsu M. H., Wang E.. Understanding Knowledge Sharing In Virtual Communities: an Integration of Social Capital and Social Cognitive Theories [J]. Decision Support Systems, 2006 (42): 1872 - 1888.

[88] Clark J. K., Wegener D. T., Fabrigar L. R.. Attitudinal Ambivalence and Message - Based Persuasion: Motivated Processing of Proattitudinal Information and Avoidance of Counterattitudinal Information [J]. Personality and Social Psychology Bulletin, 2008, 34 (4): 565 - 577.

[89] Clemons E. K., Gao G., Hitt L. M.. When Online Reviews Meet Hyper Differentiation: A Study of The Craft Beer Industry [J]. Journal of Management Information Systems, 2006, 23 (2): 149 - 171.

[90] Conner M., Sparks P., Povey R., James R., Shepherd R., Armitage C. J.. Moderator Effects of Attitudinal Ambivalence on Attitude - Behavior Relationships [J]. European Journal of Social Psychology, 2002, 32 (3): 705 - 718.

[91] Costarelli S., Gerowska J.. Ambivalence, Prejudice and Negative Behavioural Tendencies Towards Out - Groups: The Moderating Role Of Attitude Basis [J]. Cognition & Emo-

tion, 2015, 29 (5): 852 - 866.

[92] Cui G., Lui H. K., Guo X. N.. The Effect of Online Consumer Reviews on New Product Sales [J]. International Journal of Electronic Commerce, 2012, 17 (1): 39 - 57.

[93] Day G. S.. Attitude Change, Media and Word of Mouth [J]. Journal of Advertising Research, 1971, 11 (6): 31 - 40.

[94] Day R. L., Landon E. L.. Collecting Comprehensive Consumer Complaint Data By Survey Research [J]. Journal of Advertising Research, 1976, 3 (1): 263 - 268.

[95] Dellarocas C., Awad N. F., Zhang M.. Exploring the Value of Online Reviews to Organizations: Implications for Revenue Forecasting and Planning [J]. Managementence, 2004: 1407 - 1424.

[96] Dellarocas C., Narayan R.. Tall Heads VS Long Tails: Do Consumer Reviews Increase the Informational Inequality Between Hit and Niche Products? [J]. Social Science Electronic Publishing, 2008.

[97] Dellarocas C., Zhang X., Awad N. F.. Exploring the Value of Online Product Reviews in Forecasting Sales: The Case of Motion Pictures [J]. Journal of Interactive Marketing, 2007, 21 (4): 23 - 45.

[98] Dellarocas C.. The Digitization of Word - of - Mouth: Promise and Challenges of Online Feedback Mechanisms [J]. Management Science, 2003, 49 (10): 1407 - 1424.

[99] Dichter E.. How Word - of - Mouth Advertising Works [J]. Harvard Business Review, 1966, 44 (06): 147 - 166.

[100] Dombi G. W., Nandi P., Saxe J. M., et al. Prediction of Rib Fracture Fnjury Outcome by an Artificial Neural Network [J]. Journal of Trauma, 1995, 39 (5): 915 - 921.

[101] Duan W., Gu B., Whinston A. B.. Do Online Reviews Matter? An Empirical Investigation of Panel Data [J]. Decision Support Systems, 2008b, 45 (4): 1007 - 1016.

[102] Duan W., Gu B., Whinston A. B.. Informational Cascades and Software Adoption on the Internet: An Empirical Investigation [J]. MIS Quarterly, 2009, 33 (1): 23 - 48.

[103] Duan W., Gu B., Whinston A. B.. The Dynamics of Online Word - of - Mouth and Product Sales—An Empirical Investigation of the Movie Industry [J]. Journal of Retailing,

2008a, 84 (2): 233 - 242.

[104] Feng J., Papatla P.. Advertising: Stimulant or Suppressant of Online Word of Mouth [J]. Journal of Interactive Marketing, 2011, 25 (2): 75 - 84.

[105] Fingerman K. L., Hay E. L., Birditt K. S.. The Best of Ties, The Worst of Ties: Close, Problematic and Ambivalent Social Relationships [J]. Journal of Marriage and Family, 2004, 66 (3): 792 - 808.

[106] Fishbein M.. An Investigation of the Relationship Between Beliefs About an Object and the Attitude Toward that Object [J]. Human Relations, 1963 (16): 233 - 239.

[107] Fishbein M.. Readings in Attitude Theory and Measurement [M]. New York: John Wiley and Sons, 1967.

[108] Fong J., Suzan B.. A Cross - Cultural Comparison of Electronic Word - of - Mouth and Country - of - Origin Effects [J]. Journal of Business Research, 2008, 61 (3): 233 - 242.

[109] France R.. Attitude Strength and the Attitude - Behavior Domain: Magnitude and Independence of Moderating Effects of Different Strength Indices [J]. Journal of Social Behavior & Personality, 1999 (14): 177 - 195.

[110] Godes D., Mayzlin D., Chen Y., et al. The Firm's Management of Social Interactions [J]. Marketing Letters, 2005, 16 (3 - 4): 415 - 428.

[111] Godes D., Mayzlin D.. Using Online Conversations to Study Word of Mouth Communication [J]. Marketing Science, 2004, 23 (4): 545 - 560.

[112] Goldsmith R. E., Kim D., Flynn L. R.. Price Sensitivity and Innovativeness for Fashion Among Korean Consumers [J]. The Journal of Social Psychology, 2005, 145 (5): 501 - 508.

[113] Greenleaf E. A., Lehmann D. R.. Reasons for Substantial Delay in Consumer Decision Making [J]. Journal of Consumer Research, 1995 (22): 186 - 199.

[114] Gremler D., Gwinner P., Brown W.. Generating Positive Word - of - Mouth Communication Through Customer - Employee Relationships [J]. International Journal of Service Industry Management, 2001, 12 (1): 44 - 59.

[115] Gu B., Park J., Konana P.. Research Note - The Impact of External Word - of -

mouth Sources on Retailer Sales of High - Involvement Products [J]. Information Systems Research, 2012, 23 (1): 182 - 196.

[116] Habel J., Schons L. M., Alavi S., Wieseke J.. Warm Glow or Extra Charge? The Ambivalent Effect of Corporate Social Responsibility Activities on Customers' Perceived Price Fairness [J]. Journal of Marketing, 2016, 80 (1): 84 - 105.

[117] Heider F.. The Psychology of Interpersonal Relations [M]. New York: John Wiley and Sons, 1958.

[118] Hennig - Thurau T., Gianfranco W.. Electronic Word - of - Mouth: Motives for and Consequences of Reading Customer Articulations on the Internet [J]. International Journal of Electronic Commerce, 2003, 8 (2): 51 - 74.

[119] Hennig - Thurau T., Gwinner K. P., Walsh G., et al. Electronic Word - of - Mouth via Consumer - Opinion Platforms: What Motivates Consumers to Articulate Themselves on the Internet? [J]. Journal of Interactive Marketing, 2004, 18 (1): 38 - 52.

[120] Ho - Dac N. N., Carson S. J., Moore W. L.. The Effects of Positive and Negative Online Customer Reviews: Do Brand Strength and Category Maturity Matter? [J]. Journal of Marketing, 2013, 77 (11): 37 - 53.

[121] Hodson G., Maio G. R., Esses V. M.. The Role of Attitudinal Ambivalence in Susceptibility to Consensus Information [J]. Basic and Applied Social Psychology, 2001, 23 (3): 197 - 205.

[122] Hoffman D. L., Novak T. P.. Marketing in Hypermedia Computer - Mediated Environments: Conceptual Foundations [J]. Journal of Marketing, 1996, 60 (3): 50 - 68.

[123] Hu N., Liu L., Zhang J. J.. Do Online Reviews Affect Product Sales? The Role of Reviewer Characteristics and Temporal Effects [J]. Information Technology & Management, 2008, 9 (3): 201 - 214.

[124] Hu N., Pavlou P. A., Zhang J.. On Self - Selection Biases in Online Products Reviews [J]. Twentieth Workshop on Information Systems & Economics, 2017, 41 (2): 449 - 472.

[125] Jewell R. D.. The Effects of Deadline Pressure on Attitudinal Ambivalence [J]. Marketing Letters, 2003, 14 (2): 83 - 95.

[126] Jonas K., Broemer P., Diehl M.. Experienced Ambivalence as a Moderator of the Consistency Between Attitudes and Behaviors [J]. Zeitschrift Für Sozialpsychologie, 2000b, 31 (3): 153-165.

[127] Jonas K., Ziegler R.. Attitudinal Ambivalence [J]. European Review of Social Psychology, 2000a, 11 (1): 35-74.

[128] Kaplan K. J.. On the Ambivalence - Indifference Problem in Attitude Theory and Measurement: A Suggested Modification of The Semantic Differential Technique [J]. Psychological Bulletin, 1972, 12 (5): 361-372.

[129] Karimi S., Papamichail K. N., Holland C. P.. The Effect of Prior Knowledge and Decision - Making Style on the Online Purchase Decision - Making Process: A Typology of Consumer Shopping Behaviour [J]. Decision Support Systems, 2015 (77): 137-147.

[130] Katz D.. The Functional Approach to the Study Attitudes [J]. Public Opinion Quarterly, 1960 (24): 163-204.

[131] Katz D.. The Functional Approach to the Study of Attitudes [J]. Public Opinion Quarterly, 1960, 24 (2): 163.

[132] Katz E., Lazarsfeld P.. Personal Influence [M]. Illinois: The Free Press, 1955: 21-25.

[133] Kim S. J., Wang R. J. H., Maslowska E., et al. Understanding A Fury in Your Words: The Effects of Posting and Viewing Electronic Negative Word - of - mouth on Purchase Behaviors [J]. Computers in Human Behavior, 2016 (54): 511-521.

[134] Koh N. S., Hu N., Clemons E. K.. Do Online Reviews Reflect a Product's True Perceived Quality? An Investigation of Online Movie Reviews Across Cultures [J]. Electronic Commerce Research and Applications, 2010, 9 (5): 374-355.

[135] Krugman H. E.. The Impact of Television Advertising: Learning Without Involvement [J]. Public Opinion Quarterly, 1965, 29 (3): 349-356.

[136] Ku Y. C., Wei C. P., Hsiao H. W.. To Whom Should I Listen? Finding Reputable Reviewers in Opinion - Sharing Communities [J]. Decision Support Systems, 2012, 53 (3): 534-542.

［137］ Lazarus R. S.. Emotion and Adaptation ［M］. New York: Oxford University Press, 1991.

［138］ Lee S. H.. How Do Online Reviews Affect Purchasing Intention? ［J］. African Journal of Business Management, 2009, 3 (10): 576 - 581.

［139］ Lerner J. S. , Keltner D.. Beyond Valence: Toward a Model of Emotion - Specific Influences on Judgment and Choice ［J］. Cognition and Emotion, 2000 (14): 473 - 493.

［140］ Liu Q. B. , Karahanna E.. Dark Side of Reviews: The Swaying Effects of Online Product Reviews on Attribute Preference Construction ［J］. MIS Quarterly, 2017, 41 (2): 427 - 448.

［141］ Liu Y.. Word of Mouth for Movies: Its Dynamics and Impact on Box Office Revenue ［J］. Journal of Marketing, 2006, 70 (7): 74 - 89.

［142］ Li X. , Hitt L. M.. Self - Selection and Information Role of Online Product Reviews ［J］. Information Systems Research, 2008, 19 (4): 456 - 74.

［143］ Lovett M. J. , Peres R. , Shachar R.. On Brands and Word of Mouth ［J］. Journal of Marketing Research, 2013, 50 (4): 427 - 444.

［144］ MacInnis D. J. , de Mello G. E.. The Concept of Hope and Its Relevance to Product Evaluation and Choice ［J］. Journal of Marketing, 2005 (69): 1 - 14.

［145］ Maio G. R. , Bell D. W. , Esses V. M.. Ambivalence and Persuasion: The Processing of Messages About Immigrant Groups ［J］. Journal of Experimental Social Psychology, 1996 (32): 513 - 536.

［146］ Mariconda S. , Lurati F.. Ambivalence and Reputation Stability: An Experimental Investigation on the Effects of New Information ［J］. Corporate Reputation Review, 2015, 18 (2): 87 - 98.

［147］ Meehl P. E.. Manual for Use With Checklist of Schizotypic Signs ［R］. Minneapolis: Research Laboratories of the Department of Psychiatry, University of Minnesota, 1964.

［148］ Mizerski R. W.. An Attribution Explanation of the Disproportionate Influence of Unfavorable Information ［J］. Journal of Consumer Research, 1982, 9 (3): 301 - 310.

［149］ Moe W. W. , Schweidel D. A.. Online Product Opinions: Incidence, Evaluation and Evolution [J]. Marketing Science, 2012, 31 (3): 372 -386.

[150] Moody G. D., Galletta D. F., Lowry P. B.. When Trust and Distrust Collide Online: The Engenderment and Role of Consumer Ambivalence in Online Consumer Behavior [J]. Electronic Commerce Research and Applications, 2014, 13 (4): 266 -282.

[151] Muñiz A. M., Schau H. J.. Religiosity in the Abandoned Apple Newton Brand Community [J]. Journal of Consumer Research, 2005, 31 (4): 737 -747.

[152] Nordgren L. F., Harreveld F. V., Pligt J. V. D.. Ambivalence, Discomfort and Motivated Information Processing [J]. Journal of Experimental Social Psychology, 2006, 42 (2): 252 -258.

[153] Olsen S. O., Prebensen N., Larsen T. A.. Including Ambivalence As a Basis for Benefit Segmentation: A Study of Convenience Food in Norway [J]. European Journal of Marketing, 2009 (43): 762 -783.

[154] Olsen S. O., Wilcox J., Olsson U.. Consequences of Ambivalence on Satisfaction and Loyalty [J]. Psychology & Marketing, 2005 (22): 247 -269.

[155] Ortony A., Clore G. L., Collins A.. The Cognitive Structure of Emotions [M]. Cambridge: Cambridge University Press, 1988.

[156] Otnes C., Lowrey T. M., Shrum L. J.. Toward an Understanding of Consumer Ambivalence [J]. Journal of Consumer Research, 1997, 24 (3): 80 -93.

[157] Park C. W., Mothersbaugh D. L., Feick L.. Consumer Knowledge Assessment [J]. Journal of Consumer Research, 1994, 21 (1): 71 -82.

[158] Park D. H., Lee J., Han I.. The Effect of On - Line Consumer Reviews on Consumer Purchasing Intention: The Moderating Role of Involvement [J]. International Journal of Electronic Commerce, 2007, 11 (4): 125 -148.

[159] Pavlou P. A., Dimoka A.. The Nature and Role of Feedback Text Comments in Online Market Places: Implications for Trust Building, Price Premiums and Seller Differentiation [J]. Information Systems Research, 2006, 17 (4): 392 -414.

[160] Petty R. E., Cacioppo J. T.. The Elaboration Likelihood Model of Persuasion [J]. Advances in Experimental Social Psychology, 1986, 19 (3): 124 -205.

[161] Petty R. E., Wegener D. T.. The Elaboration Likelihood Model: Current Status and Controversies [A]. Chaiken S., Trope Y., et al. Dual Process Theories in Social Psychology [C]. New York: The Guiford Press, 1999: 41 – 72.

[162] Priester J. R., Petty R. E., Park K.. Whence Univalent Ambivalence? From the Anticipation of Conflicting Reactions [J]. Journal of Consumer Research, 2007, 34 (1): 11 – 21.

[163] Priester J. R., Petty R. E.. Extending the Bases of Subjective Attitudinal Ambivalence: Interpersonal and Intrapersonal Antecedents of Evaluative Tension [J]. Journal of Personality and Social Psychology, 2001, 80 (1): 19 – 34.

[164] Priester J. R., Petty R. E.. The Gradual Threshold Model of Ambivalence: Relating the Positive and Negative Bases of Attitude to Subjective Ambivalence [J]. Journal of Personality and Social Psychology, 1996, 71 (3): 431 – 449.

[165] Purnawirawan N., Dens N., Pelsmacker P. D.. Balance and Sequence in Online Reviews: The Wrap Effect [J]. International Journal of Electronic Commerce, 2012, 17 (2): 71 – 98.

[166] Racherla P., Friske W.. Perceived 'Usefulness' of Online Consumer Reviews: An Exploratory Investigation Across Three Services Categories [J]. Electronic Commerce Research and Applications, 2012, 11 (6): 548 – 559.

[167] Ranaweera C., Prabhu J.. The Influence of Satisfaction, Trust and Switching Barriers on Customer Retention in a Continuous Purchasing Setting [J]. International Journal of Service Industry Management, 2003, 14 (4): 374 – 395.

[168] Resnick P., Richard Z., Eric F., Ko K.. Reputation Systems [J]. Communications of the ACM, 2000, 43 (12): 45 – 48.

[169] Reynolds F., Darden W. R.. Mutually Adaptive Effects of Interpersonal Communication [J]. Journal of Marketing Research, 1971, 8 (4): 449 – 454.

[170] Richins M. L.. Consumer Perceptions of Costs and Benefits Associated with Complaining [A]. Hunt H. K., Day R. L. (Eds.). Refining Concepts and Measures of Consumer Satisfaction and Complaining Behavior [C]. Bloomington: Indiana University Press, 1980: 50 – 53.

[171] Richins M. L.. Negative Word – of – Mouth by Dissatisfied Consumers: A Pilot

Study [J]. The Journal of Marketing, 1983, 47 (1): 68 - 78.

[172] Rothschild M. L.. Perspectives on Involvement: Current Problems and Future Directions [J]. Advances in Consumer Research, 1984 (11): 216 - 217.

[173] Rucker D. D., Tormala Z. L., Petty R. E., et al. Consumer Conviction and Commitment: An Appraisal - based Framework for Attitude Certainty [J]. Journal of Consumer Psychology, 2014, 24 (1): 119 - 136.

[174] Rudolph T. J., Popp E.. An Information Processing Theory of Ambivalence [J]. Political Psychology, 2007, 28 (5): 563 - 585.

[175] Sangjae L., Joon Y. C. Predicting the Helpfulness of Online Reviews Using Multilayer Perceptron Neural Networks [J]. Expert Systems with Applications, 2014 (41): 3041 - 3046.

[176] Schau H. J., Jr A. M. M.. Brand Communities and Personal Identities: Negotiations in Cyberspace [J]. Advances in Consume Research, 2002, 29 (1): 344 - 349.

[177] Schoefer K.. The Role of Cognition and Affect in the Formation of Customer Satisfaction Judgements Concerning Service Recovery Encounters [J]. Journal of Consumer Behavior, 2008 (7): 210 - 221.

[178] Scott W. A.. Measures of Cognitive Structure [J]. Multivariate Behavior Research, 1966 (1): 391 - 395.

[179] Sher P. J., Lee S. H.. Consumer Skepticism and Online Reviews: An Elaboration Likelihood Model Perspective [J]. Social Behavior and Personality, 2009, 37 (1): 137 - 144.

[180] Shin H. S., Hanssens D. M., Gajula B.. The Impact of Positive vs. Negative Online Buzz on Retail Price [D]. Long Island: Long Island University, 2008.

[181] Skowronski J. J., Carlston D. E.. Negativity and Extremity Biases in Impression Formation: a Review of Explanations [J]. Psychological Bulletin, 1989, 105 (1): 131 - 142.

[182] Sundaram D. S., Mitra K, Webster C.. Word - of - Mouth Communications: A Motivational Analysis [J]. Advances in Consumer Research, 1998, 25 (1): 527 - 531.

[183] Sun M.. How Does the Variance of Product Ratings Matter? [J]. Management Science, 2012, 58 (4): 696 - 707.

[184] Swaminathan V.. The Impact of Recommendation Agents on Consumer Evaluation and Choice: The Moderating Role of Category Risk, Product Complexity and Consumer Knowledge [J]. Journal of Consumer Psychology, 2003, 13 (1/2): 93 - 101.

[185] Swan J. E., Oliver R. L.. Post - Purchase communications by consumers. [J]. Journal of Retailing, 1989, 65 (4): 516 - 533.

[186] Tang T., Fang E., Wang F.. Is Neutral Really Neutral? The Effects of Neutral User - Generated Content on Product Sales [J]. Journal of Marketing, 2014, 78 (4): 41 - 58.

[187] Thompson M. M., Zanna M. P., Griffin D. W.. Let' s Not Be Indifferent About (Attitudinal) Ambivalence [A]. Petty R. E., Krosnick J. A. (Eds.). Attitude Strength: Antecedents and Consequences [C]. Mahwah, NJ: Erlbaum, 1995a: 361 - 386.

[188] Thompson M. M., Zanna M. P.. The Conflicted Individual: Personality - Based and Domain Specific Antecedents of Ambivalent Social Attitudes [J]. Journal of Personality, 1995b (63): 259 - 288.

[189] Trusov M., Bucklin R. E., Pauwels K.. Effects of Word - of - mouth Versus Traditional Marketing: Findings from an Internet Social Networking Site [J]. Journal of Marketing, 2009 (73): 90 - 102.

[190] Tudoran A. A., Olsen S. O., Dopico D. C.. Satisfaction Strength and Intention to Purchase a New Product [J]. Journal of Consumer Behaviour, 2012, 11 (5): 391 - 405.

[191] Williams P., Aaker J. L.. Can Mixed Emotions Peacefully Coexist? [J]. Journal of Consumer Research, 2002, 28 (4): 636 - 649.

[192] Winterich K. P., Haws K. L.. Helpful Hopefulness: the Effect of Future Positive Emotions on Consumption [J]. Journal of Consumer Research, 2011 (38): 505 - 524.

[193] Wirtz J., Chew P.. The Effects of Incentives, Deal Proneness, Satisfaction and Tie Strength on Word - of - Mouth Behaviour [J]. International Journal of Service Industry Management, 2002, 13 (2): 141 - 162.

[194] Yeh Y. H., Choi M. S.. MINI - Lovers, Maxi - Mouths: An Investigation of Antecedents to eWOM Intention Among Brand Community Members [J]. Journal of Marketing Communications, 2011, 17 (3): 145 - 162.

[195] Zaichkowsky J. L.. Measuring the Involvement Construct [J]. Journal of Consumer Research, 1985 (12): 341 - 352.

[196] Zemborain M. R. , Johar G. V.. Attitudinal Ambivalence and Openness to Persuasion: A Framework for Interpersonal Influence [J]. Journal of Consumer Research, 2006, 33 (3): 506 - 514.

[197] Zhang J. X. , Cui D. , Wu L. L.. Ambivalent Attitude Of Young People In China Toward Rich Kids: Evidence From Behavioral Indices [J]. Social Behavior & Personality: An International Journal, 2015, 43 (8): 1255 - 1264.

[198] Zhang Z. , Li X. , Chen Y.. Deciphering Word - of - Mouth in Social Media: Text - Based Metrics of Consumer Reviews [M]. ACM, 2012.

后　记

本专著为天津市教委科研计划项目（项目号：2017SK117）《在线产品评论不一致性对消费者购买意向的影响——基于时间压力和矛盾态度的视角》的研究成果之一。课题研究得到了许多人的关心与帮助，我谨代表课题组成员向大家致以最诚挚的谢意！

本课题的研究基于我的博士学位论文，并增加了新内容。衷心感谢我的硕士研究生导师王晓堤教授，王教授渊博的学识、严谨的治学态度、宽容的师长风范对我产生了积极而深远的影响。他在学术研究上敏锐的洞察力和深厚的知识积累，让我由衷地敬佩；王教授以对待工作认真严谨、孜孜不倦的态度为我树立了人生的榜样。“一日为师，终身为父”的古训我铭记在心，能够成为王教授的学生是我一生的幸运。

感谢攻读博士学位期间于立教授、张书华教授、于宝琴教授、李书全教授、徐碧琳教授、张立艳教授、王晓琳教授、王湧教授等教授的精彩授课和言传身教。有幸聆听你们的教导，感受到了诸位教授的大家之风，令我受益匪浅。

感谢管理信息系统系的领导和老师们对我工作和学习的支持！

感谢企业管理出版社的编辑对本专著提出的宝贵修改意见和对本书的出版所给予的大力支持。需要特别说明的是，专著中的疏漏与错误概由本人承担，恳请广大读者批评指正。

单春玲

2021 年 1 月